興味の尽きることのない漢字学習

漢字文化圏の人々だけではなく、
世界中に日本語研究をしている人が数多くいます。
漢字かなまじり文は、独特の形を持ちながら
伝統ある日本文化を支え、
伝達と文化発展の基礎となってきました。
その根幹は漢字。
一字一字を調べていくと、
その奥深さに心打たれ、興味がわいてきます。
漢字は、生涯かけての
勉強の相手となるのではないでしょうか。

「漢検」級別 主な出題内容

10級 …対象漢字数 80字
漢字の読み／漢字の書取／筆順・画数

9級 …対象漢字数 240字
漢字の読み／漢字の書取／筆順・画数

漢字の読み／漢字の書取／部首・部首名／筆順・画数／送り仮名／対義語／同じ漢字の読み

漢字の読み／漢字の書取／部首・部首名／筆順・画数／送り仮名／対義語／同音異字／三字熟語

6級 …対象漢字数 835字
漢字の読み／漢字の書取／部首・部首名／筆順・画数／送り仮名／対義語・類義語／同音・同訓異字／三字熟語／熟語の構成

5級 …対象漢字数 1026字
漢字の読み／漢字の書取／部首・部首名／筆順・画数／送り仮名／対義語・類義語／同音・同訓異字／誤字訂正／四字熟語／熟語の構成

4級 …対象漢字数 1339字
漢字の読み／漢字の書取／部首・部首名／送り仮名／対義語・類義語／同音・同訓異字／誤字訂正／四字熟語／熟語の構成

3級 …対象漢字数 1623字
漢字の読み／漢字の書取／部首・部首名／送り仮名／対義語・類義語／同音・同訓異字／誤字訂正／四字熟語／熟語の構成

準2級 …対象漢字数 1951字
漢字の読み／漢字の書取／部首・部首名／送り仮名／対義語・類義語／同音・同訓異字／誤字訂正／四字熟語／熟語の構成

2級 …対象漢字数 2136字
漢字の読み／漢字の書取／部首・部首名／送り仮名／対義語・類義語／同音・同訓異字／誤字訂正／四字熟語／熟語の構成

準1級 …対象漢字数 約3000字
漢字の読み／漢字の書取／故事・諺／対義語・類義語／同音・同訓異字／誤字訂正／四字熟語

1級 …対象漢字数 約6000字
漢字の読み／漢字の書取／故事・諺／対義語・類義語／同音・同訓異字／誤字訂正／四字熟語

※ここに示したのは出題分野の一例です。毎回すべての分野から出題されるとは限りません。また、このほかの分野から出題されることもあります。

日本漢字能力検定採点基準 最終改定：平成25年4月1日

① 採点の対象

筆画を正しく、明確に書かれた字を採点の対象とし、くずした字や、乱雑に書かれた字は採点の対象外とする。

② 字種・字体

①2〜10級の解答は、内閣告示「常用漢字表」（平成二十二年）による。ただし、旧字体での解答は正答とは認めない。

②1級および準1級の解答は、『漢検要覧 1／準1級対応』（公益財団法人日本漢字能力検定協会発行）に示す「標準字体」「許容字体」「旧字体一覧表」による。

③ 読み

①2〜10級の解答は、内閣告示「常用漢字表」（平成二十二年）による。

②1級および準1級の解答には、①の規定は適用しない。

④ 仮名遣い

仮名遣いは、内閣告示「現代仮名遣い」による。

⑤ 送り仮名

送り仮名は、内閣告示「送り仮名の付け方」による。

⑥ 部首

部首は、『漢検要覧 2〜10級対応』（公益財団法人日本漢字能力検定協会発行）収録の「部首一覧表と部首別の常用漢字」による。

⑦ 筆順

筆順の原則は、文部省編『筆順指導の手びき』（昭和三十三年）による。常用漢字一字一字の筆順は、『漢検要覧 2〜10級対応』収録の「常用漢字の筆順一覧」による。

⑧ 合格基準

級	満点	合格
1級／準1級／2級	二〇〇点	八〇％程度
準2級／3級／4級／5級／6級／7級	二〇〇点	七〇％程度
8級／9級／10級	一五〇点	八〇％程度

※部首、筆順は『漢検 漢字学習ステップ』など公益財団法人日本漢字能力検定協会発行図書でも参照できます。

日本漢字能力検定審査基準

10級

程度　小学校第1学年の学習漢字を理解し、文や文章の中で使える。

領域・内容

《読むことと書くこと》　小学校学年別漢字配当表の第1学年の学習漢字を読み、書くことができる。

《筆順》　点画の長短、接し方や交わり方、筆順および総画数を理解している。

9級

程度　小学校第2学年までの学習漢字を理解し、文や文章の中で使える。

領域・内容

《読むことと書くこと》　小学校学年別漢字配当表の第2学年までの学習漢字を読み、書くことができる。

《筆順》　点画の長短、接し方や交わり方、筆順および総画数を理解している。

8級

程度　小学校第3学年までの学習漢字を理解し、文や文章の中で使える。

領域・内容

《読むことと書くこと》　小学校学年別漢字配当表の第3学年までの学習漢字を読み、書くことができる。

- 音読みと訓読みとを理解していること
- 送り仮名に注意して正しく書けること（食べる、楽しい、後ろ　など）
- 対義語の大体を理解していること（勝つ―負ける、重い―軽い　など）
- 同音異字を理解していること（反対、体育、期待、太陽　など）

《筆順》　筆順、総画数を正しく理解している。

《部首》　主な部首を理解している。

7級

程度　小学校第4学年までの学習漢字を理解し、文章の中で正しく使える。

領域・内容

《読むことと書くこと》　小学校学年別漢字配当表の第4学年までの学習漢字を読み、書くことができる。

- 音読みと訓読みとを正しく理解していること
- 送り仮名に注意して正しく書けること（等しい、短い、流れる　など）
- 熟語の構成を知っていること
- 対義語の大体を理解していること（入学―卒業、成功―失敗　など）
- 同音異字を理解していること（健康、高校、公共、外交　など）

《筆順》　筆順、総画数を正しく理解している。

《部首》　部首を理解している。

6級

程度　小学校第5学年までの学習漢字を理解し、文章の中で漢字が果たしている役割を知り、正しく使える。

領域・内容

《読むことと書くこと》　小学校学年別漢字配当表の第5学年までの学習漢字を読み、書くことができる。

- 音読みと訓読みとを正しく理解していること
- 送り仮名や仮名遣いに注意して正しく書けること（求める、失う　など）
- 熟語の構成を知っていること（上下、絵画、大木、読書、不明　など）
- 対義語、類義語の大体を理解していること（禁止―許可、平等―均等　など）
- 同音・同訓異字を正しく理解していること

《筆順》　筆順、総画数を正しく理解している。

《部首》　部首を理解している。

5級

程度　小学校第6学年までの学習漢字を理解し、文章の中で漢字が果たしている役割に対する知識を身に付け、漢字を文章の中で適切に使える。

領域・内容

《読むことと書くこと》　小学校学年別漢字配当表の第6学年までの学習漢字を読み、書くことができる。

- 音読みと訓読みとを正しく理解していること
- 送り仮名や仮名遣いに注意して正しく書けること
- 熟語の構成を知っていること
- 対義語、類義語を正しく理解していること
- 同音・同訓異字を正しく理解していること

《四字熟語》　四字熟語を正しく理解している（有名無実、郷土芸能　など）。

《筆順》　筆順、総画数を正しく理解している。

《部首》　部首を理解し、識別できる。

4級

程度　常用漢字のうち約１３００字を理解し、文章の中で適切に使える。

領域・内容

《読むことと書くこと》　小学校学年別漢字配当表のすべての漢字と、その他の常用漢字約３００字の読み書きを習得し、文章の中で適切に使える。

- 音読みと訓読みとを正しく理解していること
- 送り仮名や仮名遣いに注意して正しく書けること
- 熟語の構成を正しく理解していること
- 熟字訓、当て字を理解していること（小豆／あずき、土産／みやげ　など）
- 対義語、類義語、同音・同訓異字を正しく理解していること

《四字熟語》　四字熟語を理解している。

《部首》　部首を識別し、漢字の構成と意味を理解している。

3級

程度　常用漢字のうち約１６００字を理解し、文章の中で適切に使える。

領域・内容

《読むことと書くこと》　小学校学年別漢字配当表のすべての漢字と、その他の常用漢字約６００字の読み書きを習得し、文章の中で適切に使える。

- 音読みと訓読みとを正しく理解していること
- 送り仮名や仮名遣いに注意して正しく書けること
- 熟語の構成を正しく理解していること
- 熟字訓、当て字を理解していること（乙女／おとめ、風邪／かぜ　など）
- 対義語、類義語、同音・同訓異字を正しく理解していること

《四字熟語》　四字熟語を理解している。

《部首》　部首を識別し、漢字の構成と意味を理解している。

※常用漢字とは、平成22年（2010年）11月30日付内閣告示による「常用漢字表」に示された2136字をいう。

準2級

程度　常用漢字のうち1951字を理解し、文章の中で適切に使える。

領域・内容

《読むことと書くこと》　1951字の漢字の読み書きを習得し、文章の中で適切に使える。

・音読みと訓読みとを正しく理解していること
・送り仮名や仮名遣いに注意して正しく書けること
・熟語の構成を正しく理解していること
・熟字訓、当て字を理解していること（硫黄／いおう、相撲／すもう　など）
・対義語、類義語、同音・同訓異字を正しく理解していること

《四字熟語》　典拠のある四字熟語を理解している（驚天動地、孤立無援　など）。

《部首》　部首を識別し、漢字の構成と意味を理解している。

※1951字とは、昭和56年（1981年）10月1日付内閣告示による旧「常用漢字表」の1945字から「勺」「錘」「銑」「脹」「匁」の5字を除いたものに、現行の「常用漢字表」のうち、「茨」「媛」「岡」「熊」「埼」「鹿」「栃」「奈」「梨」「阪」「阜」の11字を加えたものを指す。

2級

程度　すべての常用漢字を理解し、文章の中で適切に使える。

領域・内容

《読むことと書くこと》　すべての常用漢字の読み書きに習熟し、文章の中で適切に使える。

・音読みと訓読みとを正しく理解していること
・送り仮名や仮名遣いに注意して正しく書けること
・熟語の構成を正しく理解していること
・熟字訓、当て字を理解していること（海女／あま、玄人／くろうと　など）
・対義語、類義語、同音・同訓異字などを正しく理解していること

《四字熟語》　典拠のある四字熟語を理解している（鶏口牛後、呉越同舟　など）。

《部首》　部首を識別し、漢字の構成と意味を理解している。

準1級

程度　常用漢字を含めて、約3000字の漢字の音・訓を理解し、文章の中で適切に使える。

領域・内容

《読むことと書くこと》　常用漢字の音・訓を含めて、約3000字の漢字の読み書きに慣れ、文章の中で適切に使える。

・熟字訓、当て字を理解していること
・対義語、類義語、同音・同訓異字などを理解していること
・国字を理解していること（峠、凧、畠　など）
・複数の漢字表記について理解していること（國―国、交叉―交差　など）

《四字熟語・故事・諺》　典拠のある四字熟語、故事成語・諺を正しく理解している。

《古典的文章》　古典的文章の中での漢字・漢語を理解している。

※約3000字の漢字は、JIS第一水準を目安とする。

1級

程度　常用漢字を含めて、約6000字の漢字の音・訓を理解し、文章の中で適切に使える。

領域・内容

《読むことと書くこと》　常用漢字の音・訓を含めて、約6000字の漢字の読み書きに慣れ、文章の中で適切に使える。

・熟字訓、当て字を理解していること
・対義語、類義語、同音・同訓異字などを理解していること
・国字を理解していること（怺える、毟る　など）
・地名・国名などの漢字表記（当て字の一種）を知っていること
・複数の漢字表記について理解していること（鹽―塩、颱風―台風　など）

《四字熟語・故事・諺》　典拠のある四字熟語、故事成語・諺を正しく理解している。

《古典的文章》　古典的文章の中での漢字・漢語を理解している。

※約6000字の漢字は、JIS第一・第二水準を目安とする。

※常用漢字とは、平成22年（2010年）11月30日付内閣告示による「常用漢字表」に示された2136字をいう。

個人受検を申し込まれる皆さまへ

協会ホームページのご案内

検定に関する最新の情報（申込方法やお支払い方法など）は、公益財団法人　日本漢字能力検定協会**ホームページ https://www.kanken.or.jp/** をご確認ください。

なお、下記の二次元コードから、ホームページへ簡単にアクセスできます。

受検規約について

受検を申し込まれる皆さまは、「日本漢字能力検定 受検規約（漢検ＰＢＴ）」の適用があることを同意のうえ、検定の申し込みをしてください。受検規約は協会のホームページでご確認いただけます。

受検級を決める

受検資格　制限はありません

実施級　1、準1、2、準2、3、4、5、6、7、8、9、10級

検定会場　全国主要都市約170か所に設置（実施地区は検定の回ごとに決定）

検定時間　ホームページにてご確認ください。

検定に申し込む

インターネットにてお申し込みください。

注意

① 家族・友人と同じ会場での受検を希望する方は、検定料のお支払い完了後、申込締切日の2営業日後までに協会（お問い合わせフォーム）までお知らせください。

② 障がいがあるなど、身体的・精神的な理由により、受検上の配慮を希望される方は、申込締切日までに協会（お問い合わせフォーム）までご相談ください（申込締切日以降のお申し出には対応できかねます）。

③ 申込締切日以降は、受検級・受検地を含む内容変更および取り消し・返金は、いかなる場合もできません。また、次回以降の振替え、団体受検や漢検ＣＢＴへの変更もできません。

団体受検の申し込み

自分の学校や企業などの団体で志願者が一定以上集まると、団体単位で受検の申し込みができる「団体受検」という制度もあります。団体受検申込を扱っているかどうかは先生や人事関係の担当者に確認してください。

受検票が届く

受検票は検定日の約1週間前から順次お届けします。

注意

① 1、準1、2、準2、3級の方は、後日届く受検票に顔写真（タテ4㎝×ヨコ3㎝、6か月以内に撮影、上半身、正面、帽子やマスクは外す）を貼り付け、会場に当日持参してください。（当日回収・返却不可）

② 4級～10級の方は、顔写真は不要です。

4 検定日当日

持ち物　受検票、鉛筆（HB、B、2Bの鉛筆またはシャープペンシル）、消しゴム

※ボールペン、万年筆などの使用は認められません。ルーペ持ち込み可。

注意

①会場への車での来場（送迎を含む）は、交通渋滞の原因や近隣の迷惑になりますので固くお断りします。

②検定開始時刻の15分前を目安に受検教室までお越しください。答案用紙の記入方法などを説明します。

③携帯電話やゲーム、電子辞書などは、電源を切り、かばんにしまってから入場してください。

④検定中は受検票を机の上に置いてください。

⑤答案用紙には、あらかじめ名前や生年月日などが印字されています。

⑥検定日の約5日後に漢検ホームページにて標準解答を公開します。

5 合否の通知

検定日の約40日後に、受検者全員に「検定結果通知」を郵送します。合格者には「合格証書」・「合格証明書」を同封します。

欠席者には検定問題と標準解答をお送りします。

受検票は検定結果が届くまで大切に保管してください。

進学・就職に有利！ 合格者全員に合格証明書発行

大学・短大の推薦入試の提出書類に、また就職の際の履歴書に添付してあなたの漢字能力をアピールしてください。合格者全員に、合格証書と共に合格証明書を2枚、無償でお届けいたします。

合格証明書が追加で必要な場合は有償で再発行できます。

申請方法はホームページにてご確認ください。

お問い合わせ窓口

電話番号　フリーコール **0120-509-315**（無料）

（海外からはご利用いただけません。ホームページよりメールでお問い合わせください。）

お問い合わせ時間　月～金　9時00分～17時00分

（祝日・お盆・年末年始を除く）

※公開会場検定日とその前日の土曜は開設

※検定日は9時00分～18時00分

メールフォーム　https://www.kanken.or.jp/kanken/contact/

「漢検」受検の際の注意点

【字の書き方】

問題の答えは楷書で大きくはっきり書きなさい。乱雑な字や続け字、また、行書体や草書体のようにくずした字は採点の対象とはしません。

特に漢字の書き取り問題では、答えの文字は教科書体をもとにして、はねるところ、とめるところなどもはっきり書きましょう。また、画数に注意して、一画一画を正しく、明確に書きなさい。

《例》

○熱　×[熱のくずし字]

○言　×[言のくずし字]

○糸　×[糸のくずし字]

【字種・字体について】

(1)日本漢字能力検定2～10級においては、「常用漢字表」に示された字種で書きなさい。つまり、表外漢字（常用漢字表にない漢字）を用いると、正答とは認められません。

《例》

○交差点　×交叉点（「叉」が表外漢字）

○寂しい　×淋しい（「淋」が表外漢字）

(2)日本漢字能力検定2～10級においては、「常用漢字表」に示された字体で書きなさい。なお、「常用漢字表」に参考として示されている康熙（こうき）字典体など、旧字体と呼ばれているものを用いると、正答とは認められません。

《例》

○真　×眞

○渉　×涉

○飲　×飮

○迫　×[迫の旧字体]

○弱　×弱

(3)一部例外として、平成22年告示「常用漢字表」で追加された字種で、許容字体として認められているものや、その筆写文字と印刷文字との差が習慣の相違に基づくとみなせるものは正答と認めます。

《例》

餌 → 餌　と書いても可

遜 → 遜　と書いても可

葛 → 葛　と書いても可

溺 → 溺　と書いても可

箸 → 箸　と書いても可

注意

(3)において、どの漢字が当てはまるかなど、一字一字については、当協会発行図書（2級対応のもの）掲載の漢字表で確認してください。

公益財団法人 日本漢字能力検定協会

漢検

漢検 過去問題集

3級

漢検 公益財団法人 日本漢字能力検定協会

●本書に関するアンケート●

今後の出版事業に役立てたいと思いますので、アンケートにご協力ください。抽選で粗品をお送りします。

◆PC・スマートフォンの場合
下記URL、または二次元コードから回答画面に進み、画面の指示に従ってお答えください。

https://www.kanken.or.jp/kanken/textbook/past.html

◆愛読者カード（ハガキ）の場合
本書挟み込みのハガキに切手を貼り、お送りください。

目次

この本の構成と使い方

この本は、2021・2022年度に実施した日本漢字能力検定（漢検）3級の試験問題と、その標準解答を収録したものです。

さらに、受検のためのQ&A、答案用紙の実物大見本、合格者平均得点など、受検にあたって知っておきたい情報を収めました。

□「漢検」受検Q&A

検定当日の注意事項や、実際の答案記入にあたって注意していただきたいことをまとめました。

□試験問題（13回分）

2021・2022年度に実施した試験問題のうち13回分を収録しました。問題1回分は見開きで4ページです。

3級は200点満点、検定時間は60分です。時間配分に注意しながら、合格のめやすである70％程度正解を目標として取り組んでください。

□資料

「常用漢字表 付表」と「都道府県名」の一覧を掲載しました。

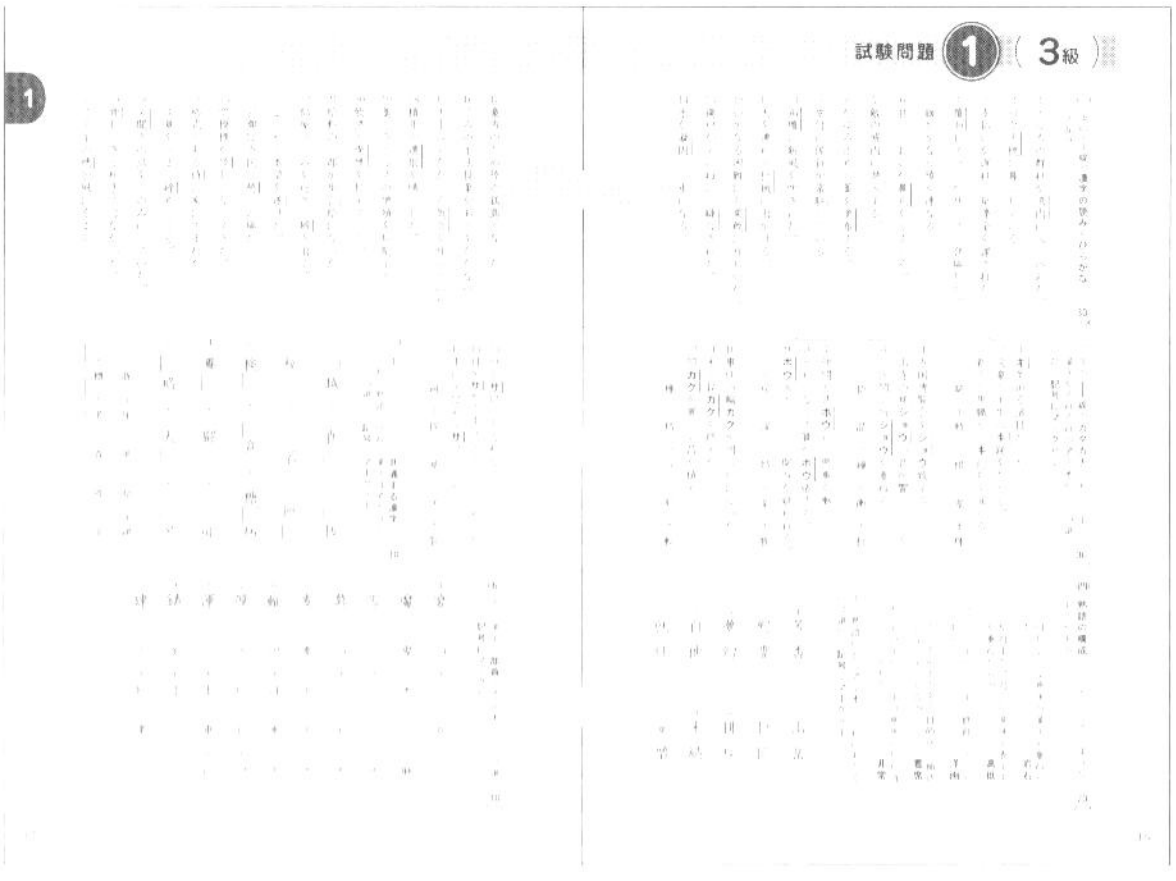

試験問題・標準解答は段ごとに右ページから左ページへ続けてご覧ください。

□答案用紙実物大見本

巻末には、検定で使う実物とほぼ同じ大きさ・用紙の答案用紙を収録。実際の解答形式に慣れることができます。問題は不許複製ですが、答案用紙実物大見本はコピーをしてお使いください。

また、日本漢字能力検定協会ホームページからもダウンロードできます。

https://www.kanken.or.jp/kanken/textbook/past.html

□別冊・標準解答

各問題の標準解答は、別冊にまとめました。1回分は見開きで2ページです。

また、試験問題**1**～**11**の解答には、(一)(二)(三)……の大問ごとに合格者平均得点をつけました。難易のめやすとしてお役立てください。

□データでみる「漢検」

「漢検」受検者の年齢層別割合・設問項目別正答率を掲載しました。

●巻頭―カラー口絵

主な出題内容、採点基準、および審査基準などを掲載。

●付録―準2級の試験問題・答案用紙・標準解答

準2級の試験問題・答案用紙1回分を、3級の試験問題の後に収録（標準解答は別冊に収録）。

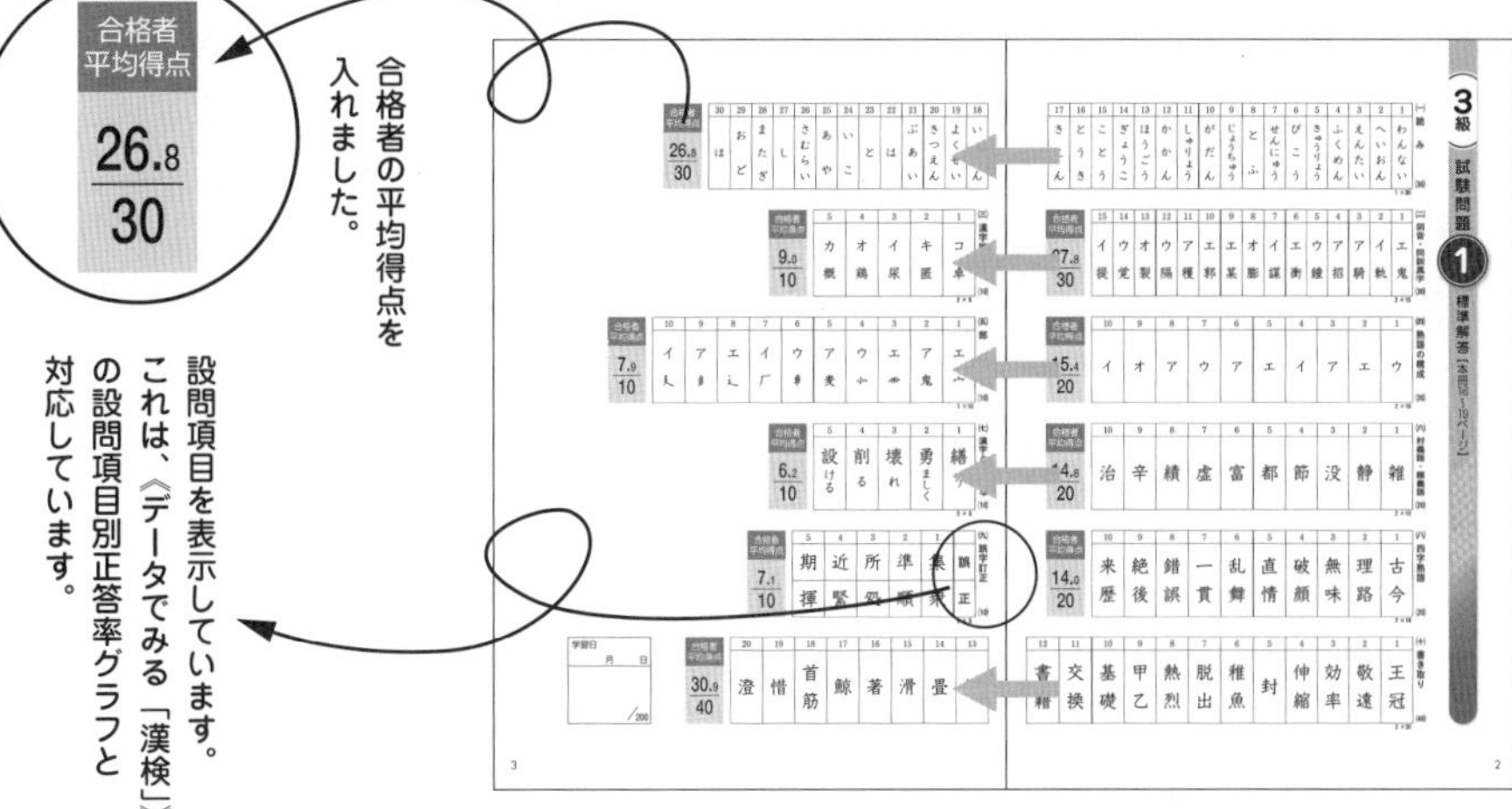

「漢検」受検Q&A

●検定当日について

検定当日の持ち物は？

A 鉛筆またはシャープペンシル（HB・B・2B）、消しゴム、受検票（公開会場の場合）を必ず持参してください。ボールペンや万年筆、こすって消せるペン（摩擦熱で無色になる特殊なインクを使ったペン）などの使用は認められません。

印刷されている文字が小さくて見えにくい方は、ルーペ（拡大鏡）を使ってもかまいません。

また、時間の確認のため、腕時計を持参してもかまいません。ただし、携帯電話を時計代わりに使うことはできません。検定会場内で携帯電話やその他電子機器を使用すると、不正行為とみなされ失格となります。

●答案について

標準解答の見方は？

例

無粋	ぶんぴ
不粋	ぶんぴつ

「無粋」「不粋」どちらでも正解とします。

「ぶんぴ」「ぶんぴつ」どちらでも正解とします。

標準解答に、複数の答えが示されている場合、そのすべてを答えないと正解にならないのか？

A 標準解答に、複数の答えが示されている場合、そのうちどれか一つが正しく書けていれば正解とします。すべてを書く必要はありません。

なお、答えを複数書いた場合、そのなかの一つでも間違っていれば不正解としますので、注意してください。

例 問題 次の――線の**漢字の読み**を**ひらがな**で記せ。

現在の地位に執着する。

標準解答 しゅうじゃく／しゅうちゃく

解答例
- しゅうじゃく……○
- しゅうちゃく……○
- しゅうじゃく／しゅうちゃく……○
- しっちゃく／しゅうちゃく……×

Q 答えを漢字で書く際に注意することは？

A 漢字は、楷書で丁寧に、解答欄内に大きくはっきりと書いてください。くずした字や乱雑な字などは採点の対象外とします(※)。教科書体を参考にして、はねるところ、とめるところなどもはっきり書きましょう。

特に、次に示す点に注意してください。

①画数を正しく書く

例 様…○　様…×　糸…○　糸…×
話…○　話…×　昼…○　昼…×

②字の骨組みを正しく書く

例 堂…○　堂…×　踏…○　踏…×
独…○　独…×　想…○　想…×

③突き出るところ、突き出ないところを正しく書く

例 車…○ 車…× 降…○ 降…×
角…○ 角…× 重…○ 重…×

④字の組み立てを正しく書く

例 潔…○ 潔…× 落…○ 落…×
染…○ 染…× 薄…○ 薄…×

⑤一画ずつ丁寧に書く

例 池…○ 池…× 鳥…○ 鳥…×
改…○ 改…× 戦…○ 戦…×

⑥よく似た別の字（または字の一部分）と区別がつくように書く

例 土／士 未／末
壬／王 干／千

（※）採点の対象外とする字とは？

自分だけが読み取れれば良いメモなどとは違い、検定では誰が見ても正しく読み取れる字を書かなければ正解とはなりません。

くずした字や乱雑な字など、字体（文字の骨組み）が読み取れない字は採点の対象外とし、不正解としま す。また、答案用紙は機械で読み取るため、機械が読み取らないほど薄い字も、採点の対象外です。

● 採点の対象外とする字の例

・細部が潰れている字

例 優…○ 優…× 曜…○ 曜…×
輸…○ 輸…× 厳…○ 厳…×

・続け字

例 銀…○　銀…×　細…○　細…×
顔…○　顔…×　試…○　試…×

・小さい字（周りの四角は解答欄を表す）

例 確…○　確…×
悲…○　悲…×

・消したかどうかわからない部分がある字

例 暴…○　暴…×　垂…○　垂…×
休…○　休…×　専…○　専…×

・不要な部分がある字

例 危…○　危…×　水…○　水…×
属…○　属…×　糸…○　糸…×

Q 答えをひらがなで書く際に注意することは？

A 漢字を書くときと同様に、楷書で丁寧に書いてください。特に、次に示す点に注意してください。

①バランスがくずれると区別がつきにくくなる字は、区別がつくように丁寧に書く

例 い／り　か／や　く／し
て／へ　ゆ／わ　い／こ

②拗音（ようおん）「ゃ」「ゅ」「ょ」や促音（そくおん）「っ」は小さく右に寄せて書く

例 いしゃ…○　いしや…×
がっこう…○　がつこう…×

③濁点「゛」や半濁点「゜」をはっきり書く

例 が…○　が…×　が…×
ぱ…○　ば…×　ば…×

④一画ずつ丁寧に書く

例 な…○　な…×　ふ…○　ふ…×
う…○　う…×　も…○　も…×

2～10級の検定で、旧字体や「常用漢字表」に示されていない漢字（表外漢字）、歴史的仮名遣い（かなづかい）を用いて答えてもよいか？

A

2～10級の解答には、常用漢字および現代仮名遣いを用いてください。旧字体や表外漢字、歴史的仮名遣いを用いた解答は不正解とします。

また、「常用漢字表」に示されていない読み（表外読み）を用いた解答も不正解とします。

例1　問題　次の――線の**カタカナ**を**漢字**に直せ。

信号が**テンメツ**している。

解答例　点滅……○

點滅……×　「點」が旧字体

例2　問題　次の――線の**漢字の読み**を**ひらがな**で記せ。

池にうっすらと氷がはる。

解答例　こおり……○

こほり……×　「こほり」は歴史的仮名遣い

例3　問題　次の――線の**カタカナ**を**漢字**に直せ。

紙くずをごみ箱に**ス**てる。

解答例　捨……○

棄……×　「棄」の訓読み「す（てる）」は表外読み

Q

「遡」を「遡」、「餅」を「餅」と書いてもよいか？

A

2～10級の検定では、「常用漢字表」に示された字体を用いて答えなければなりません。ただし、例外として、平成22（2010）年告示「常用漢字表」で追加された漢字のうち、許容字体が併せて示されたものは正解とします。

「遡」や「餅」という字体はこの例外に当てはまりますので、正解となります。

次の例ではどちらが正しい書き方か？

A

①
言「言」か「言」か
条「条」か「条」か
令「令」か「令」か

②
溺「溺」か「溺」か
頬「頬」か「頬」か
剝「剝」か「剥」か

どちらの書き方でも正解とします。

こうした違いについては、「常用漢字表」の「(付)字体についての解説」に、「印刷文字と手書き文字におけるそれぞれの習慣の相違に基づく表現の差と見るべきもの」として例示されており、字体としては同じ（どちらで書いてもよい）とされています。

どちらの書き方でも正解とします。

これらのように、印刷文字と手書き文字におけるそれぞれの習慣の相違に基づく表現の差が、字体（文字の骨組み）の違いに及ぶ場合もありますが、いわば例外的なものです。

Q 「比」「衣」「越」などは「⺃」と書くのか「し」と書くのか？

A 「比」「衣」「越」などの「⺃」の部分は、活字のデザインにおいて、一画で書く「し」の折れを強調したものです。

検定では、次に示す教科書体を手本にして、「し」のように一画で書いてください。

例

衣 越 猿 仰 氏 紙 長
底 展 農 比 民 裏 留

Q 解答方法で注意することは？

A 問題文をよく読んで答えましょう。答える部分や答え方など、問題文に指定がある場合は、必ずそれに従って答えてください。問題文の指定に合っていない答えは不正解とします。

特に、次に示す点に注意してください。

①「答えを一字書きなさい」と指定があれば「一字」のみ答える

例 問題　後の□内のひらがなを**漢字**に直して□に入れ、**四字熟語**を完成せよ。□内のひらがなは一度だけ使い、**答案用紙に一字記入**せよ。

新進気□　い・えい・えん・かん

解答例　鋭…………○
気鋭…………×
新進気鋭……×

②「ひらがなで書きなさい」と指定があれば「ひらがな」で答える

例 問題　次の――線の**カタカナを漢字一字と送りがな（ひらがな）**に直せ。

交番で道を**タズネル**。

解答例　尋ねる……○　尋ネル……×

③「算用数字で書きなさい」と指定があれば「算用数字」で答える

例 問題　次の漢字の**太い画**のところは**筆順の何画目**か、**算用数字**（1、2、3…）で答えなさい。

若

解答例　4…………○　四…………×

④「——線の漢字の読みを書きなさい」と指定があれば「——線」部分のみ答える

例 問題　次の——線の**漢字の読み**を**ひらがな**で記せ。
　　駅の昇降口が混雑している。

解答例　しょうこう………○
　　しょうこうぐち……×

⑤「——線の右に書きなさい」と指定があれば「——線の右」に記入する

例 問題　つぎの——線の**漢字**の**読みがな**を——線の**右**に書きなさい。
　　ベランダの植木に水をやる。

解答例　ベランダの植木（うえき）に水をやる。……○
　　ベランダの植木（うえき）に水をやる。……×

試験問題	学習日	得　点
1	月　　日	点
2	月　　日	点
3	月　　日	点
4	月　　日	点
5	月　　日	点
6	月　　日	点
7	月　　日	点
8	月　　日	点
9	月　　日	点
10	月　　日	点
11	月　　日	点
12	月　　日	点
13	月　　日	点

3級　試験問題

（一） 次の――線の**漢字の読み**を**ひらがな**で記せ。 (30) 1×30

1 イルカの群れが湾内に入り込んだ。
2 日々平穏に暮らしている。
3 支払いが遅れて延滞金を課された。
4 覆面レスラーがリングに登場した。
5 緩やかな丘陵が連なる。
6 甘いにおいが鼻孔をくすぐる。
7 敵の城内に潜入する。
8 かゆみ止めの薬を塗布する。
9 受付に係員が常駐している。
10 画壇に新風を吹き込む。
11 犬を連れて狩猟に出かける。
12 いかなる困難にも果敢に立ち向かう。
13 傷口がていねいに縫合された。
14 水が凝固して氷になる。

（二） 次の――線の**カタカナ**にあてはまる漢字をそれぞれの**ア〜オ**から**一つ**選び、**記号にマーク**せよ。 (30) 2×15

1 **キ**迫る演技だった。
2 文豪の半生の**キ**跡をたどる。
3 新人と現職が一**キ**討ちを演じる。
（ア 騎　イ 軌　ウ 棋　エ 鬼　オ 輝）

4 万国博覧会を**ショウ**致する。
5 山寺の晩**ショウ**の音が響いてくる。
6 二国間で折**ショウ**を重ねる。
（ア 招　イ 晶　ウ 鐘　エ 衝　オ 称）

7 仲間と共**ボウ**して悪事を働く。
8 とめどなく予算が**ボウ**張する。
9 **ボウ**国のスパイの関与が疑われる。
（ア 房　イ 謀　ウ 妨　エ 某　オ 膨）

10 事件の輪**カク**が明らかになった。
11 米の収**カク**を終えた。
12 間**カク**を置いて苗を植える。
（ア 穫　イ 格　ウ 隔　エ 郭　オ 較）

（四） **熟語の構成**のしかたには次のようなものがある。 (20) 2×10

ア 同じような意味の漢字を重ねたもの　（**岩石**）
イ 反対または対応の意味を表す字を重ねたもの　（**高低**）
ウ 上の字が下の字を修飾しているもの　（**洋画**）
エ 下の字が上の字の目的語・補語になっているもの　（**着席**）
オ 上の字が下の字の意味を打ち消しているもの　（**非常**）

次の熟語は右の**ア〜オ**のどれにあたるか、**一つ**選び、**記号にマーク**せよ。

1 芳香
2 慰霊
3 夢幻
4 自他
5 就任
6 山岳
7 巨匠
8 排斥
9 未納
10 愛憎

15 豪雪のため陸の孤島となった。
16 ごみの不法投棄があとをたたない。
17 チームでただ一人気炎を吐いていた。
18 積年の遺恨を晴らした。
19 薬でウイルスの増殖を抑制する。
20 飲酒と喫煙を控えている。
21 給料の一部が歩合給になった。
22 部屋のごみを丹念に掃き出す。
23 ようやく本望を遂げた。
24 公園は市民の憩いの場だ。
25 空模様が怪しくなってきた。
26 格式のある侍の家に生まれた。
27 文章をうまく締めくくる。
28 又聞きの話をうのみにしていた。
29 脅しのきく相手ではなかった。
30 ススキの穂が風にそよぐ。

13 口が**サ**けても言わない。
14 目が**サ**めるようなホームランだった。
15 手にかばんを**サ**げていた。
（ア 避　イ 提　ウ 覚　エ 咲　オ 裂）

(三) 1〜5の三つの□に**共通する漢字**を入れて熟語を作れ。漢字は**ア〜コ**から**一つ**選び、**記号にマーク**せよ。 (10) 2×5

1 □越・食□・□抜
2 秘□・□名・隠□
3 検□・□意・糖□病
4 養□・闘□・□卵
5 □略・大□・□況

ア 豚　イ 尿　ウ 策　エ 超　オ 鶏
カ 概　キ 匿　ク 査　ケ 侵　コ 卓

(五) 次の漢字の**部首**を**ア〜エ**から**一つ**選び、**記号にマーク**せよ。 (10) 1×10

1 宴 （ア 日　イ 冖　ウ 女　エ 宀）
2 魔 （ア 鬼　イ 木　ウ 广　エ 麻）
3 零 （ア 丶　イ 入　ウ 冖　エ ⻗）
4 慕 （ア 日　イ 艹　ウ ⺗　エ 大）
5 麦 （ア 麦　イ 土　ウ 十　エ 夂）
6 軸 （ア 田　イ 日　ウ 車　エ 十）
7 厚 （ア 子　イ 厂　ウ 日　エ 口）
8 運 （ア 冖　イ 十　ウ 車　エ 辶）
9 鋳 （ア 釒　イ 寸　ウ 入　エ 丿）
10 建 （ア 丨　イ 廴　ウ 聿　エ 二）

(六) 後の□内のひらがなを漢字に直して□に入れ、**対義語・類義語**を作れ。□内のひらがなは一度だけ使い、**答案用紙に一字記入**せよ。

(20) 2×10

対義語

1 精密 ― 粗□
2 興奮 ― 鎮□
3 繁栄 ― □落
4 浪費 ― □約
5 郊外 ― □心

類義語

6 潤沢 ― 豊□
7 架空 ― □構
8 手柄 ― 功□
9 我慢 ― □抱

(八) 文中の**四字熟語**の――線の**カタカナ**を漢字に直せ。**答案用紙に二字記入**せよ。

(20) 2×10

1 **ココン東西**の文学に通じている。
2 問いただされて**リロ整然**と弁明した。
3 **ムミ乾燥**な業務日誌を読む。
4 新記録が出て**ハガン一笑**した。
5 **チョクジョウ径行**な性格の男だった。
6 当選の報に**狂喜ランブ**した。
7 主張が**終始イッカン**していない。
8 新型車の完成まで**試行サクゴ**が続いた。
9 **空前ゼツゴ**の大逆転劇だった。

(十) 次の――線の**カタカナ**を漢字に直せ。

(40) 2×20

1 頭上に光り輝く**オウカン**をいただく。
2 口うるさい上司を**ケイエン**する。
3 製品を**コウリツ**よく生産する。
4 **シンシュク**性のある素材を用いる。
5 犯人の逃げ道を**フウ**じる。
6 アユの**チギョ**を川に放流する。
7 ようやく最下位を**ダッシュツ**した。
8 ファンの**ネツレツ**な声援に応える。
9 二つの作品は**コウオツ**つけがたい。
10 **キソ**的な学力を身につける。

10 征伐―退□

きょ・ざつ・じ・しん
せい・せき・せつ・と
ふ・ぼつ

(七) 次の――線の**カタカナ**を**漢字一字**と**送りがな(ひらがな)**に直せ。 (10) 2×5

〈例〉 問題に**コタエル**。 答える

1 衣類のほころびを**ツクロウ**。

2 太鼓を**イサマシク**打ち鳴らす。

3 カメラが**コワレ**て使い物にならない。

4 身を**ケズル**ような苦労をした。

5 階段に手すりを**モウケル**。

10 神社の**故事ライレキ**を調べる。

(九) 次の各文にまちがって使われている**同じ読みの漢字**が**一字**ある。**上に誤字**を、**下に正しい漢字**を記せ。 (10) 2×5

1 湖畔の吹奏楽祭に多数の楽団が参加し迫力ある演奏で聴集を魅了した。

2 消防訓練で避難誘導やけが人の搬送の仕方、消火活動の手準を確認した。

3 皮脂の分泌が活発な思春期にできやすいにきびに適切な所置を施す。

4 海水温上昇で大量のサンゴが死滅し、近急の専門家会議で対策が検討された。

5 地元開催で気勢のあがる母校のチームが力を存分に発期して快勝した。

11 時計の電池を**コウカン**する。

12 **ショセキ**の売り上げが減少している。

13 きのこと山菜を油で**ア**げる。

14 和室の**タタミ**を替える。

15 金属をみがいて**ナメ**らかにする。

16 留学の体験を本に**アラワ**す。

17 船上から**クジラ**を観察した。

18 寝違えて**クビスジ**を痛めた。

19 友との別れを**オ**しむ。

20 小鳥の声に耳を**ス**ます。

▼解答は別冊2・3ページ

試験問題  （3級）

（一） 次の――線の**漢字の読み**を**ひらがな**で記せ。　(30) 1×30

1 チームのムードが高揚している。
2 とてつもない陰謀が企てられた。
3 漂泊の旅にあこがれる。
4 敢闘をたたえて賞を授与する。
5 馬の群れが平原を疾駆する。
6 風邪をひいた母に雑炊を作る。
7 猟師が獲物をしとめた。
8 冗漫なスピーチに閉口する。
9 食糧の欠乏が憂慮される。
10 犯人の身柄が拘束された。
11 傾聴すべき意見が少なくなかった。
12 恩人の葬儀に列席する。
13 何か魂胆がありそうだ。
14 盛大な祝宴が催された。

（二） 次の――線の**カタカナ**にあてはまる漢字をそれぞれの**ア〜オ**から**一つ**選び、**記号にマーク**せよ。　(30) 2×15

1 満場一致で採**タク**された。
2 屈**タク**のない笑顔を見せる。
3 **タク**越した技術を誇る。
（ア 沢　イ 卓　ウ 択　エ 託　オ 拓）

4 社会の規**ハン**に従う。
5 河**ハン**のベンチに座る。
6 海上をヨットが**ハン**走する。
（ア 藩　イ 畔　ウ 般　エ 帆　オ 範）

7 北**ト**七星を見上げる。
8 速乾性の**ト**料を使う。
9 同志に胸中を**ト**露した。
（ア 塗　イ 渡　ウ 吐　エ 徒　オ 斗）

10 **チン**痛剤を服用する。
11 相手側に**チン**謝を迫った。
12 安い**チン**金で長時間働いた。
（ア 賃　イ 陳　ウ 沈　エ 鎮　オ 珍）

（四） **熟語の構成**のしかたには次のようなものがある。　(20) 2×10

ア 同じような意味の漢字を重ねたもの　（**岩石**）
イ 反対または対応の意味を表す字を重ねたもの　（**高低**）
ウ 上の字が下の字を修飾しているもの　（**洋画**）
エ 下の字が上の字の目的語・補語になっているもの　（**着席**）
オ 上の字が下の字の意味を打ち消しているもの　（**非常**）

次の熟語は右の**ア〜オ**のどれにあたるか、**一つ**選び、**記号にマーク**せよ。

1 栄辱
2 遠征
3 投獄
4 点滅
5 鶏卵
6 隠匿
7 蛮行
8 不沈
9 撮影
10 波浪

15 審美眼の確かさには定評がある。
16 朝食に納豆を食べる。
17 二人の境遇はまるで異なっていた。
18 違反者を容赦なく罰する。
19 職務に守秘義務が付随する。
20 彼女は人生の岐路に立っていた。
21 人に恨まれるおぼえはない。
22 尊敬するおじを師と慕う。
23 石板に彫られた古代文字を解読する。
24 憩いのひとときを過ごす。
25 いくら脅されても屈しなかった。
26 ボートが浅瀬に乗り上げた。
27 又聞きの話で当てにならない。
28 バイオリンの甘美な調べに酔う。
29 一生かけて学問を究める決意をした。
30 足袋の製造販売を手がける。

---

13 ごみの山に**ウ**もれている。
14 家の改築を**ウ**け負う。
15 父の敵を**ウ**った。
（ア 討　イ 請　ウ 植　エ 生　オ 埋）

(三) 1～5の三つの□に**共通する漢字**を入れて熟語を作れ。漢字は**ア～コ**から**一つ**選び、**記号にマーク**せよ。 (10) 2×5

1 □発・土□・□数
2 □母・□雨・□愛
3 □装・店□・□道
4 起□・□線・潜□
5 突□・一□・縦□

ア 源　イ 伏　ウ 偶　エ 如　オ 酵
カ 啓　キ 舗　ク 貫　ケ 慈　コ 塗

(五) 次の漢字の**部首**を**ア～エ**から**一つ**選び、**記号にマーク**せよ。 (10) 1×10

1 勘（ア 力　イ 匚　ウ 甘　エ 儿）
2 衝（ア 里　イ 行　ウ 亅　エ 彳）
3 看（ア 手　イ ノ　ウ 目　エ 二）
4 章（ア 立　イ 亠　ウ 日　エ 十）
5 彩（ア ⺍　イ 彡　ウ 爫　エ 木）
6 掃（ア 巾　イ 丨　ウ 冖　エ 扌）
7 老（ア 匕　イ 土　ウ 耂　エ ノ）
8 企（ア 止　イ ト　ウ 人　エ 一）
9 楼（ア 十　イ 米　ウ 女　エ 木）
10 房（ア 一　イ 戸　ウ 方　エ 尸）

(六) 後の□内のひらがなを漢字に直して□に入れ、**対義語・類義語**を作れ。□内のひらがなは一度だけ使い、**答案用紙に一字記入**せよ。 (20) 2×10

対義語

1 実像―□像
2 丁重―粗□
3 希薄―□密
4 郊外―□心
5 愛護―虐□

類義語

6 怠慢―□着
7 名残―□情
8 形見―□品
9 重体―□篤

(八) 文中の**四字熟語**の――線の**カタカナ**を漢字に直せ。**答案用紙に二字記入**せよ。 (20) 2×10

1 **ゼンジン未到**の偉業を達成した。
2 **キョウテン動地**の大事故が起きた。
3 党内が**シブン五裂**の状態になった。
4 **コウシ混同**の発言を慎む。
5 **メイロウ快活**な人柄に好感を抱く。
6 **活殺ジザイ**に部下を動かす。
7 政党の**離合シュウサン**が著しい。
8 試合に臨む選手を**鼓舞ゲキレイ**する。
9 **一挙リョウトク**をもくろんでいた。

(十) 次の――線の**カタカナ**を漢字に直せ。 (40) 2×20

1 積極的に**オウベイ**文化を摂取した。
2 床上**シンスイ**の被害を受けた。
3 考え方が**ヨウチ**だと笑われた。
4 煙に巻かれて**チッソク**しそうだった。
5 **トウナン**に遭った名画が発見された。
6 周囲から**ギワク**の目で見られる。
7 既に**モホウ**の域を脱している。
8 **テイオウ**の地位は盤石だった。
9 **ニチボツ**の時間が迫っていた。
10 試合の**シュウリョウ**を告げる。

10 阻害 ― □ 魔

い・おう・き・きょ
じゃ・たい・と・のう
よ・りゃく

(七) 次の―線のカタカナを漢字一字と送りがな(ひらがな)に直せ。 (10) 2×5

〈例〉 問題にコタエル。 答える

1 数々のカガヤカシイ経歴を持つ。

2 大雪が交通をサマタゲル。

3 リーダーの命令にサカラッた。

4 観光収入が町をウルオス。

5 ひもで固くユワエた。

10 天下ムソウの剣客として世に知られる。

(九) 次の各文にまちがって使われている同じ読みの漢字が一字ある。上に誤字を、下に正しい漢字を記せ。 (10) 2×5

1 風力発電施設の健設計画は渡り鳥の衝突が多いことを理由に中止された。

2 新しい子育て支援制度が始まり保育所に入所できる要軒が緩和された。

3 ベトナム人留学生が日本の絵本を母語に翻訳し、本国で出般した。

4 若手棋士との対局で、助盤では優勢と見えた名人が思わぬ苦杯を喫した。

5 耕作が放棄された田畑を制備し、村が貸し農園として広く一般に提供する。

11 気晴らしにハンカガイを歩き回った。

12 カクウの物語を実話と思っていた。

13 テサグりでポケットの小銭をさがす。

14 野望はもろくもクズれた。

15 転んでスり傷ができた。

16 ワギりにした大根を煮る。

17 ボールは弧をエガいて飛んでいった。

18 マコトを尽くして友に忠告する。

19 信念がユらぐことはなかった。

20 モヨりの駅で出迎える。

▼解答は別冊4・5ページ

試験問題 3 （3級）

(一) 次の――線の**漢字の読み**を**ひらがな**で記せ。 (30) 1×30

1 山岳の写真撮影を趣味にしている。
2 静かな湖畔の宿に泊まる。
3 説明が抽象的でわかりにくい。
4 陳情団が役所に押しかけた。
5 えもいわれぬ芳香が立ちこめている。
6 応募者は募集定員を大幅に超過した。
7 木の枝が邪魔で向こうが見えない。
8 嘱託社員として働いている。
9 華美なよそおいの貴婦人たちが集う。
10 能の幽玄の世界に触れる。
11 金銭に関してはきわめて潔癖だった。
12 痛みを緩和する薬を服用する。
13 アパートで自炊生活をしている。
14 鶏卵はタンパク質を豊富に含む。

(二) 次の――線の**カタカナ**にあてはまる漢字をそれぞれの**ア〜オ**から**一つ**選び、**記号にマーク**せよ。 (30) 2×15

1 念願の金メダルを獲**トク**した。
2 **トク**実な人柄で皆から信頼される。
3 長い間物資が隠**トク**されていた。
（ア 匿　イ 得　ウ 篤　エ 特　オ 徳）

4 即**キョウ**でギターを演奏する。
5 **キョウ**谷を船で下った。
6 台風の**キョウ**威にさらされる。
（ア 脅　イ 況　ウ 興　エ 驚　オ 峡）

7 たちの悪い**ジョウ**談だと思っていた。
8 土蔵に**ジョウ**前がかかっている。
9 猛獣を**ジョウ**夫な鎖でつなぐ。
（ア 畳　イ 丈　ウ 嬢　エ 冗　オ 錠）

10 長年の恩**コ**に報いる。
11 打球が**コ**を描いて飛んでいく。
12 **コ**高の詩人として知られる。
（ア 顧　イ 鼓　ウ 雇　エ 孤　オ 弧）

(四) **熟語の構成**のしかたには次のようなものがある。 (20) 2×10

ア 同じような意味の漢字を重ねたもの　（**岩石**）
イ 反対または対応の意味を表す字を重ねたもの　（**高低**）
ウ 上の字が下の字を修飾しているもの　（**洋画**）
エ 下の字が上の字の目的語・補語になっているもの　（**着席**）
オ 上の字が下の字の意味を打ち消しているもの　（**非常**）

次の熟語は右の**ア〜オ**のどれにあたるか、**一つ**選び、**記号にマーク**せよ。

1 未了
2 去就
3 譲歩
4 盛衰
5 円卓
6 棄権
7 吉凶
8 油脂
9 猟犬
10 空虚

15 彼には想像力が欠如している。
16 痛恨の失策を犯した。
17 平穏な日々を送っている。
18 かろうじて誘惑を退けた。
19 愚問というほかなかった。
20 紅葉のあまりの美しさに詠嘆する。
21 子供が健やかに育っている。
22 旗揚げ公演の日が迫る。
23 どう見ても既に手遅れだった。
24 目の粗い網を使う。
25 友人に慰めの言葉を掛ける。
26 互いの話が擦れ違ったままだ。
27 浅瀬に舟が乗り上げた。
28 水平線から太陽が昇ってきた。
29 故のない非難を浴びた。
30 会費の納入が滞りがちだ。

13 参加者の数が**フ**えた。
14 火口からマグマが**フ**き出した。
15 しかられて顔を**フ**せた。
（ア 噴　イ 伏　ウ 増　エ 振　オ 踏）

(三) 1～5の三つの□に**共通する漢字**を入れて熟語を作れ。漢字は**ア～コ**から**一つ**選び、**記号にマーク**せよ。 (10) 2×5

1 気□・□観・□略
2 □慮・□燥・□点
3 極□・減□・□罰
4 祝□・□席・□会
5 □覚・交□・□乱

ア 憂　イ 刑　ウ 錯　エ 宴　オ 幻
カ 概　キ 焦　ク 秘　ケ 孔　コ 辞

(五) 次の漢字の**部首**を**ア～エ**から**一つ**選び、**記号にマーク**せよ。 (10) 1×10

1 牲（ア 生　イ 牛　ウ 扌　エ ノ）
2 封（ア 土　イ 亅　ウ 寸　エ 丶）
3 処（ア 几　イ 夂　ウ 夕　エ 儿）
4 謀（ア 木　イ 亠　ウ 言　エ 甘）
5 暫（ア 日　イ 斤　ウ 車　エ 十）
6 題（ア 頁　イ 目　ウ 日　エ 疋）
7 慕（ア 日　イ 艹　ウ ⺗　エ 大）
8 衝（ア 亅　イ 里　ウ 彳　エ 行）
9 凍（ア 木　イ 冫　ウ 日　エ 十）
10 虐（ア ト　イ 匚　ウ 广　エ 虍）

(六) 後の□内のひらがなを漢字に直して□に入れ、**対義語・類義語**を作れ。□内のひらがなは一度だけ使い、**答案用紙に一字記入せよ。** (20) 2×10

対義語

1 乾燥―湿□
2 促進―抑□
3 模倣―□創
4 統一―分□
5 率先―□随

類義語

6 出納―□支
7 我慢―□抱
8 解雇―□職
9 勘定―計□

(八) 文中の**四字熟語**の――線の**カタカナ**を漢字に直せ。**答案用紙に二字記入せよ。** (20) 2×10

1 決戦を前に**キエン**万丈だ。
2 **タイキ**晩成の典型だった。
3 **デンコウ**石火の早業に息をのんだ。
4 見るからに**ヒンコウ**方正な青年だ。
5 試合を**イッキ**一憂しながら観戦する。
6 本末**テントウ**した議論が続いた。
7 社の内情は複雑**カイキ**だった。
8 旧友と再会して感慨**ムリョウ**だった。
9 己の優柔**フダン**を悔いる。

(十) 次の――線の**カタカナ**を漢字に直せ。 (40) 2×20

1 英語を**キソ**から学び直す。
2 耳鼻科で**チョウリョク**検査を受けた。
3 **イッテキ**も残さず飲み干した。
4 **ヒョウリュウ**中の漁師が救助された。
5 あまりの**ヤバン**さにあきれはてる。
6 駐車場の契約を**コウシン**した。
7 **カカン**な攻撃が功を奏した。
8 医療や食糧の面で**エンゴ**する。
9 多様な**ゴラク**施設がそろっている。
10 **ビンボウ**な暮らしを苦にしなかった。

10 熱中―没□

さん・しゅう・じゅん・しん
せい・つい・とう・どく
めん・れつ

(七) 次の――線の**カタカナ**を**漢字一字**と**送りがな（ひらがな）**に直せ。 (10) 2×5

〈例〉 問題に**コタエル**。 答える

1 災害に**ソナエル**必要がある。

2 **ニクラシイ**ほど落ち着いている。

3 もう一度チャンスを**アタエル**。

4 車が何キロも**ツラナッ**ている。

5 軍部がクーデターを**クワダテ**た。

10 二人は**以心デンシン**の仲である。

(九) 次の各文にまちがって使われている**同じ読みの漢字**が**一字**ある。**上に誤字**を、**下に正しい漢字**を記せ。 (10) 2×5

1 劣化の著しい昔の絵の色彩や輪郭を注実に復元する技術が開発された。

2 コーヒーの生産国では、かつて政府が種子や苗木を厳従に管理していた。

3 児童への虐待が発生する原因と適接な対処法を考える勉強会があった。

4 貨物に紛れ上陸した外来種の毒アリの範殖を防ぐことが緊急課題である。

5 指の付担を軽減するため、形状に工夫を凝らしたはさみが考案された。

11 かなを漢字に**ヘンカン**する。

12 書道コンクールで**カサク**に選ばれた。

13 **スモグ**りで魚や貝を採る。

14 王が**カンムリ**をかぶっている。

15 やっと**カタ**の荷が下りた。

16 畑地を**タガヤ**して種をまく。

17 下積みの時代を**ヘ**て大成した。

18 ずぶぬれの捨て犬が**アワ**れだった。

19 **セスジ**を伸ばして歩く。

20 ひな鳥が**スダ**つ季節になった。

▼解答は別冊6・7ページ

（一） 次の——線の**漢字の読み**を**ひらがな**で記せ。 (30) 1×30

1 路面が凍結する恐れがある。
2 怠慢な職務態度を戒める。
3 目をこすって角膜に傷がついた。
4 慰めの言葉も空虚に響くだけだった。
5 外国の巨大資本と提携する。
6 一円の金も粗末にしなかった。
7 人手不足でしばしば業務が遅滞する。
8 風が次第に強くなってきた。
9 両候補作に甲乙はつけがたかった。
10 青年たちが屈託のない笑顔を見せる。
11 細部まで精巧にできている。
12 気概のある人物だった。
13 推理小説が佳境にさしかかる。
14 沖で数隻の漁船が操業している。

（二） 次の——線の**カタカナ**にあてはまる漢字をそれぞれの**ア〜オ**から**一つ**選び、**記号にマーク**せよ。 (30) 2×15

1 腕の**ジョウ**脈に注射する。
2 土蔵の**ジョウ**前をおろす。
3 スピーチが**ジョウ**長に過ぎる。
（ア 畳　イ 譲　ウ 冗　エ 静　オ 錠）

4 濃**コン**のネクタイを締める。
5 闘**コン**をみなぎらせる。
6 悔**コン**の思いにとらわれた。
（ア 困　イ 魂　ウ 紺　エ 恨　オ 墾）

7 論**シ**が非常にわかりにくい。
8 市長の**シ**政方針が示された。
9 大臣の**シ**問を受けて答申する。
（ア 旨　イ 施　ウ 祉　エ 試　オ 諮）

10 教科書に**ジュン**拠した参考書だ。
11 交通法規を**ジュン**守する。
12 豊**ジュン**な土地が広がる。
（ア 潤　イ 遵　ウ 純　エ 準　オ 盾）

（四） **熟語の構成**のしかたには次のようなものがある。 (20) 2×10

ア 同じような意味の漢字を重ねたもの（**岩石**）
イ 反対または対応の意味を表す字を重ねたもの（**高低**）
ウ 上の字が下の字を修飾しているもの（**洋画**）
エ 下の字が上の字の目的語・補語になっているもの（**着席**）
オ 上の字が下の字の意味を打ち消しているもの（**非常**）

次の熟語は右の**ア〜オ**のどれにあたるか、**一つ**選び、**記号にマーク**せよ。

1 修繕
2 未刊
3 収支
4 帰途
5 伸縮
6 遭難
7 栄冠
8 昇降
9 邪悪
10 換気

15 原生林が次々と伐採された。
16 実兄と離れて暮らしてきた。
17 開封して中身を確かめる。
18 百億円相当の金塊を保有する。
19 湿原の遊歩道を散策する。
20 とても既製品には見えない。
21 値段を聞いて度肝を抜かれた。
22 復職を目指してリハビリに励む。
23 ヨットの帆柱を点検する。
24 綱渡りの曲芸に息をのんだ。
25 先月の赤字を穴埋めした。
26 子供のしぐさにほおが緩んだ。
27 横殴りの雨に打たれながら歩く。
28 視力が衰えてきたようだ。
29 憂いに沈む母を度々目にした。
30 芝生の手入れを怠らない。

13 ピアノのヒき語りを聴く。
14 魚をヒ物にする。
15 胸に熱い思いをヒめている。
（ア 秘　イ 冷　ウ 弾　エ 干　オ 火）

(三) 1～5の三つの□に**共通する漢字**を入れて熟語を作れ。漢字は**ア～コ**から**一つ**選び、**記号にマーク**せよ。 (10) 2×5

1 □装・□病・□設
2 早□・□代・□木
3 □敗・□別・痛□
4 □想・夢□・□惑
5 恩□・容□・□免

ア 塗　イ 恵　ウ 苗　エ 赦　オ 幻
カ 鐘　キ 惜　ク 随　ケ 腐　コ 仮

(五) 次の漢字の**部首**を**ア～エ**から**一つ**選び、**記号にマーク**せよ。 (10) 1×10

1 没（ア 氵　イ 几　ウ 殳　エ 又）
2 錯（ア 日　イ 金　ウ 二　エ 艹）
3 髪（ア 髟　イ 彡　ウ 一　エ 又）
4 衛（ア 口　イ 二　ウ 行　エ 彳）
5 属（ア ノ　イ 尸　ウ 口　エ 虫）
6 慕（ア ⺗　イ 日　ウ 艹　エ 大）
7 欧（ア 匚　イ ノ　ウ 人　エ 欠）
8 婆（ア 又　イ 氵　ウ 皮　エ 女）
9 貫（ア ハ　イ 貝　ウ 毋　エ 目）
10 登（ア 入　イ 口　ウ 癶　エ 豆）

(六) 後の□内のひらがなを漢字に直して□に入れ、**対義語・類義語**を作れ。□内のひらがなは一度だけ使い、**答案用紙に一字記入せよ。** (20) 2×10

対義語

1 抑制―促□
2 愛護―虐□
3 保守―□新
4 辞退―承□
5 偶然―□然

類義語

6 名残―□情
7 露見―□覚
8 重体―□篤
9 計算―□定

(八) 文中の**四字熟語**の―線の**カタカナ**を漢字に直せ。**答案用紙に二字記入せよ。** (20) 2×10

1 めったに**キド**哀楽を表さない。
2 だれもが**イク**同音に反対を唱えた。
3 **キシ**回生の一手にかける。
4 **ココン**東西の名詩を鑑賞する。
5 世俗を逃れて**シンザン**幽谷に住む。
6 目撃した一部**シジュウ**を語る。
7 出会ってたちまち意気**トウゴウ**した。
8 利害**トクシツ**を考えずに行動した。
9 現代の暖衣**ホウショク**に警鐘を鳴らす。

(十) 次の―線の**カタカナ**を漢字に直せ。 (40) 2×20

1 ゴールまで全力で**シッソウ**する。
2 **チュウザイ**員として来日した。
3 **ソウガンキョウ**で鳥を観察する。
4 **シャショウ**に乗り換え駅を尋ねた。
5 考え方が**ヨウチ**だと言われる。
6 天体観測会の参加者を**ボシュウ**する。
7 激しい**ライウ**に見舞われた。
8 **ニュウセキ**の届け出を済ました。
9 難敵に**ユウカン**に立ち向かう。
10 おみくじを引くと**キョウ**が出た。

10 吉報 ― □報

かく・かん・き・しん
たい・だく・はっ・ひつ
よ・ろう

(七) 次の――線の**カタカナ**を**漢字一字**と**送りがな（ひらがな）**に直せ。 (10) 2×5

〈例〉 問題に**コタエル**。 答える

1 小刀で鉛筆を**ケズル**。

2 代表に選ばれて**ホコラシク**思う。

3 姉は商家に**トツイ**だ。

4 しかられて神妙に頭を**タレル**。

5 現地での取材に**モトヅク**記事だ。

10 相手に**二者タクイツ**を迫る。

(九) 次の各文にまちがって使われている**同じ読みの漢字**が**一字**ある。**上に誤字**を、**下に正しい漢字**を記せ。 (10) 2×5

1 超高齢社会を迎え、学習や誤楽の場として図書館が大きな役割を果たす。

2 最先端の映像戯術を駆使した怪獣映画に観客は驚きの目を見張った。

3 鳥インフルエンザの感潜拡大を防ぐため、大量の鶏を殺処分した。

4 日本野球界の花形選手が米国の大リーグ球団と破格の高額で係約した。

5 軽くて吸水性の高い和紙の魅力が再評価され服飾雑果に用いられている。

11 大きな**ギセイ**を払うことになった。

12 庭の**カダン**にバラを植える。

13 **キップ**を買って電車に乗る。

14 **ヒツジカ**いの少年が主人公の童話だ。

15 こちらに来るよう**テマネ**きする。

16 脱脂綿をアルコールに**ヒタ**す。

17 気立ての優しい**ムスメ**だった。

18 文明の**ミナモト**を探る。

19 美しい景色を背景に写真を**ト**る。

20 **チカヨ**りがたい威厳がある。

▼解答は別冊8・9ページ

4

試験問題  （3級）

(一) 次の——線の**漢字の読み**を**ひらがな**で記せ。 (30) 1×30

1 波の静かな湾内でカキを養殖する。
2 珍しく殊勝なところを見せた。
3 幽霊が出たといううわさが立つ。
4 規則が厳しくて窒息しそうだった。
5 悔恨の涙に暮れる。
6 名手の弾くチェロの調べに陶酔する。
7 高速道路が山間部を貫通している。
8 幼い王子が国王に擁立された。
9 硬式テニス部に所属していた。
10 耐えがたい恥辱を受けた。
11 本邦初演のミュージカルだ。
12 裸眼では遠くが見えにくくなった。
13 ねんざした足首に湿布した。
14 巧妙に仕組まれたトリックを見破る。

(二) 次の——線の**カタカナ**にあてはまる漢字をそれぞれの**ア～オ**から**一つ**選び、**記号にマーク**せよ。 (30) 2×15

1 狩**リョウ**が解禁になった。
2 度**リョウ**の大きな人物だった。
3 なだらかな丘**リョウ**が続く。
（ア 了　イ 量　ウ 陵　エ 猟　オ 糧）

4 **ホウ**建的な考えが今なお残る。
5 クチナシの花の**ホウ**香が漂う。
6 **ホウ**製工場を海外に置く。
（ア 奉　イ 倣　ウ 封　エ 芳　オ 縫）

7 **ショウ**降口でくつを脱ぐ。
8 刻限が迫り**ショウ**慮に駆られる。
9 痛いところをつかれて苦**ショウ**する。
（ア 焦　イ 昇　ウ 笑　エ 晶　オ 掌）

10 **バン**狂わせの一戦だった。
11 終**バン**に大量得点した。
12 野**バン**な言動にまゆをひそめる。
（ア 番　イ 判　ウ 盤　エ 伴　オ 蛮）

(四) **熟語の構成**のしかたには次のようなものがある。 (20) 2×10

ア 同じような意味の漢字を重ねたもの　（**岩石**）
イ 反対または対応の意味を表す字を重ねたもの　（**高低**）
ウ 上の字が下の字を修飾しているもの　（**洋画**）
エ 下の字が上の字の目的語・補語になっているもの　（**着席**）
オ 上の字が下の字の意味を打ち消しているもの　（**非常**）

次の熟語は右の**ア～オ**のどれにあたるか、**一つ**選び、**記号にマーク**せよ。

1 氷塊
2 衝突
3 干満
4 未明
5 駐車

6 共謀
7 惜別
8 変換
9 往復
10 入籍

15 小説の一部を抜粋する。
16 甘美な笛の音色に魅惑された。
17 古い水道管から漏水していた。
18 まるで催眠術をかけられたみたいだ。
19 ことさら抑揚をつけて話す。
20 打球は弧を描いて飛んだ。
21 昔から姉のように慕っている。
22 字に一目でわかる癖がある。
23 母に帯を締めてもらう。
24 卸値に近い価格で買った。
25 鶏にくちばしでつつかれた。
26 テンポの緩やかな曲を演奏する。
27 半生を顧みて感慨にふける。
28 愚かな考えにとらわれていた。
29 又聞きの話をとくとくとしゃべる。
30 猛烈な吹雪に見舞われた。

13 肩からかばんを**サ**げている。
14 魔が**サ**したとしか思えない。
15 恋人との仲を**サ**かれた。

（ア 裂　イ 差　ウ 避　エ 提　オ 去）

(三) 1～5の三つの□に**共通する漢字**を入れて熟語を作れ。漢字は**ア～コ**から**一つ**選び、**記号にマーク**せよ。 (10) 2×5

1 □在・停□・遅□
2 □念・□推・正□
3 分□・□渡・□歩
4 文□・□魂・□圧
5 □弱・□構・空□

ア 邪	イ 岐	ウ 滞	エ 虚	オ 潜
カ 薄	キ 壇	ク 概	ケ 鎮	コ 譲

(五) 次の漢字の**部首**を**ア～エ**から**一つ**選び、**記号にマーク**せよ。 (10) 1×10

1 遂（ア 丶　イ 一　ウ 辶　エ 豕）
2 餓（ア 扌　イ 𩙿　ウ 戈　エ 入）
3 慰（ア 尸　イ 寸　ウ 心　エ 示）
4 老（ア 匕　イ 土　ウ ノ　エ 耂）
5 扇（ア 羽　イ 戸　ウ 尸　エ 一）
6 園（ア 囗　イ 土　ウ 口　エ 亻）
7 虐（ア 卜　イ 虍　ウ 匚　エ 广）
8 踏（ア 口　イ 水　ウ 𧾷　エ 日）
9 衰（ア 衣　イ 口　ウ 曰　エ 亠）
10 吏（ア 一　イ ノ　ウ 人　エ 口）

(六) 後の□内のひらがなを漢字に直して□に入れ、**対義語・類義語**を作れ。□内のひらがなは一度だけ使い、**答案用紙に一字記入**せよ。 (20) 2×10

対義語

1 地獄 ― □楽
2 自供 ― 黙□
3 過激 ― 穏□
4 冗長 ― 簡□
5 釈放 ― □捕

類義語

6 了承 ― □諾
7 両者 ― □方
8 肝心 ― 大□
9 期待 ― 嘱□

(八) 文中の**四字熟語**の――線の**カタカナ**を漢字に直せ。**答案用紙に二字記入**せよ。 (20) 2×10

1 **ヨウイ周到**に計画を立てる。
2 **ドウショウ異夢**の連立政権が船出した。
3 新型車は**シコウ錯誤**の末に完成した。
4 **メイジツ一体**の大横綱だった。
5 **カンコン葬祭**の作法を身につける。
6 どんな時でも**油断タイテキ**だ。
7 **難攻フラク**で知られた城だった。
8 蔵書を**二束サンモン**で売り払う。
9 **空前ゼツゴ**のベストセラーとなった。

(十) 次の――線の**カタカナ**を**漢字**に直せ。 (40) 2×20

1 都市の人口が**ホウワ**状態に達する。
2 暴徒の乱入を**ソシ**する。
3 **メンゼイ**店が観光客で混雑している。
4 夏の夜空に**ホクト**七星を探す。
5 国家に反逆した罪で**ショケイ**された。
6 チームの**ジク**となって活躍した。
7 彼女こそまさに深窓の**レイジョウ**だ。
8 荷造りに**ネンチャク**テープを使う。
9 **ダンボウ**器具の必要な季節になった。
10 恵まれた**カンキョウ**で育った。

10 辛抱―□慢

が・きょ・けつ・けん
ごく・せつ・そう・たい
ひ・ぼう

(七) 次の――線の**カタカナ**を**漢字一字**と**送りがな(ひらがな)**に直せ。 (10) 2×5

〈例〉 問題に**コタエル**。 答える

1 砂に**ウモレ**た遺跡が見つかった。

2 各党が公約を**カカゲル**。

3 こぼれた砂糖にアリが**ムラガッ**た。

4 多くの人から**ウヤマワ**れている。

5 **ナヤマシイ**問題が次々に起こる。

10 集まった資料を取捨**センタク**する。

(九) 次の各文にまちがって使われている**同じ読みの漢字**が**一字**ある。**上に誤字**を、**下に正しい漢字**を記せ。 (10) 2×5

1 豪雨による大水で予想を超える被害が出たため、水害対作が見直された。

2 縁結びや長寿の願いをかなえてくれると評判の神社や仏角を訪れた。

3 恒例の技能競技大会が開かれ熟練の職人たちが卓悦した技を競い合った。

4 業績向上が見込めない大手企業ではボーナスの伸び律が大幅に鈍化した。

5 会費納入などの義務を怠った会員は警告の上、徐名になることがある。

11 丹精して大輪の**キク**を咲かせた。

12 河川の水質**オセン**が問題となる。

13 悪事の**カタボウ**をかつぐ気はない。

14 文学博士号を**サズ**けられた。

15 擦り傷に薬を**ヌ**る。

16 なかなか本音を**ハ**かなかった。

17 草むらで虫に**サ**された。

18 彼岸には**ハカマイ**りを欠かさない。

19 弟はこのごろ将棋に**コ**っている。

20 相手から返答を**シ**いられる。

▼解答は別冊10・11ページ

試験問題  （3級）

（一）

次の――線の**漢字の読み**を**ひらがな**で記せ。

（30）1×30

1 怒りを抑制しようと努める。
2 免税店で買い物をする。
3 受賞者が順次登壇した。
4 旅行の費用を概算する。
5 骨髄を採取して検査する。
6 戦に敗れて王の権威が失墜した。
7 突如稲妻が空を走った。
8 いずれも秀作で甲乙をつけがたい。
9 犯人の潜伏するビルを包囲する。
10 花の香りに鼻孔をくすぐられる。
11 仲間と湖畔でキャンプをする。
12 そんなに卑屈になることはない。
13 巨大な青銅の鐘が鋳造された。
14 おびただしい犠牲者を出した。

（二）

次の――線の**カタカナ**にあてはまる漢字をそれぞれの**ア～オ**から**一つ**選び、**記号にマーク**せよ。

（30）2×15

1 墳**ボ**の地を訪れる。
2 人権標語を公**ボ**する。
3 追**ボ**の情がこみあげる。

（ア 模　イ 簿　ウ 慕　エ 墓　オ 募）

4 なだらかな丘**リョウ**が広がる。
5 試合で本**リョウ**を発揮する。
6 周辺は禁**リョウ**区になっている。

（ア 糧　イ 領　ウ 了　エ 猟　オ 陵）

7 反対派の勢力が**シン**張する。
8 **シン**抱強くチャンスを待つ。
9 誤**シン**かどうかを巡ってもめる。

（ア 辛　イ 伸　ウ 審　エ 侵　オ 震）

10 状況を**カン**案して決定する。
11 強豪チームに果**カン**に立ち向かった。
12 一**カン**して無罪を主張する。

（ア 貫　イ 甘　ウ 勘　エ 敢　オ 冠）

（四）

熟語の構成のしかたには次のようなものがある。

（20）2×10

ア 同じような意味の漢字を重ねたもの（**岩石**）
イ 反対または対応の意味を表す字を重ねたもの（**高低**）
ウ 上の字が下の字を修飾しているもの（**洋画**）
エ 下の字が上の字の目的語・補語になっているもの（**着席**）
オ 上の字が下の字の意味を打ち消しているもの（**非常**）

次の熟語は右の**ア～オ**のどれにあたるか、**一つ**選び、**記号にマーク**せよ。

1 賞罰
2 迎春
3 未踏
4 慈母
5 邪悪
6 愛憎
7 排尿
8 祝宴
9 陳述
10 養鶏

15 世俗を超越した生き方をする。
16 匿名の手紙を受け取った。
17 硬直した財政の是正を図る。
18 秋雨前線が停滞している。
19 王座の奪回に成功した。
20 入念な校閲を経て印刷された。
21 蚕のえさに桑の葉を与える。
22 だれもが真剣な表情で聴いていた。
23 山頂で朝日が昇るのを見た。
24 緩やかな上り坂が続いた。
25 希望に胸を膨らます。
26 土産に木彫りの人形を買い求める。
27 欲の塊のような人間になっていた。
28 提出書類に記入漏れがあった。
29 寄せては返す波に海草が揺らぐ。
30 企てはすべて失敗に帰した。

13 床にじゅうたんをシく。
14 スピーチをうまくシめくくる。
15 顧客の大半を女性がシめる。
（ア締　イ強　ウ占　エ絞　オ敷）

(三) 1～5の三つの□に**共通する漢字**を入れて熟語を作れ。漢字は**ア～コ**から**一つ**選び、**記号にマーク**せよ。 (10) 2×5

1 □労・□霊・□問
2 解□・□結・□傷
3 □亡・隠□・点□
4 □設・□蔵・□葬
5 病□・□収・沈□

ア 疲	イ 埋	ウ 没	エ 慰	オ 施
カ 逃	キ 凍	ク 魔	ケ 滅	コ 雇

(五) 次の漢字の**部首**を**ア～エ**から**一つ**選び、**記号にマーク**せよ。 (10) 1×10

1 房（ア 一　イ 尸　ウ 戸　エ 方）
2 伐（ア 弋　イ 丶　ウ 戈　エ 亻）
3 祭（ア 又　イ 示　ウ 夕　エ 小）
4 圏（ア 人　イ 己　ウ 口　エ 二）
5 隷（ア 氺　イ 隶　ウ 示　エ 士）
6 者（ア 土　イ ノ　ウ 日　エ 耂）
7 窒（ア 穴　イ 土　ウ 至　エ 宀）
8 搾（ア 宀　イ ハ　ウ 冖　エ 扌）
9 既（ア 旡　イ 日　ウ 二　エ 尢）
10 憩（ア 舌　イ 自　ウ 心　エ 目）

(六) 後の□内のひらがなを漢字に直して□に入れ、**対義語・類義語**を作れ。□内のひらがなは一度だけ使い、**答案用紙に一字記入**せよ。

(20) 2×10

対義語

1 地獄―□楽
2 侵害―擁□
3 賢明―暗□
4 興奮―鎮□
5 往路―□路

類義語

6 朗報―□報
7 独自―□有
8 漂泊―□浪
9 携帯―所□

(八) 文中の**四字熟語**の――線の**カタカナ**を**漢字**に直せ。**答案用紙に二字記入**せよ。

(20) 2×10

1 商品に**ソウイ**工夫が凝らされていた。
2 **シンキ**一転して家業に精を出す。
3 **タンジュン**明快な説明だった。
4 人跡まれな**シンザン**幽谷で修行する。
5 **ゲイイン**馬食して体を壊した。
6 奇想**テンガイ**なアイディアに驚いた。
7 ついに器用**ビンボウ**の域を出なかった。
8 友人と二人**サンキャク**で事業を進める。
9 退職後は晴耕**ウドク**の生活を送った。

(十) 次の――線の**カタカナ**を**漢字**に直せ。

(40) 2×20

1 腕時計の電池を**コウカン**する。
2 身の毛もよだつ**カイダン**を聞いた。
3 思い出話は**サイゲン**なく続いた。
4 **ジュウドウ**の技をみがく。
5 首相が**オウベイ**諸国を歴訪する。
6 人生の**ヒアイ**をしみじみと感じた。
7 **エンジョウ**するビルの消火に当たる。
8 夜空に**ホクト**七星を探す。
9 分担して教室を**セイソウ**する。
10 上司の**ショウダク**をもらっている。

10 案内―誘□

きっ・ぐ・ご・ごく
じ・せい・どう・とく
ふく・ほう

(七) 次の――線のカタカナを漢字一字と送りがな(ひらがな)に直せ。 (10) 2×5

〈例〉 問題にコタエル。 答える

1 河が二つの国をヘダテル。
2 笑ってスマサれることではなかった。
3 オソロシイほど予想が的中した。
4 チームをヒキイて大会に出る。
5 仕事にハゲマずにはいられない。

10 騒動はようやく一件ラクチャクした。

(九) 次の各文にまちがって使われている同じ読みの漢字が一字ある。上に誤字を、下に正しい漢字を記せ。 (10) 2×5

1 軽度の擦過傷は、乾燥させるよりも湿潤を保つ知療法が効果的とされる。
2 就任した新市長は保育環境の改全を重点施策の一つとして掲げた。
3 ウナギの稚魚の歴史的不漁の原因に資源管理の不微を指摘する声がある。
4 激しい攻防の末に英冠を手にしたテニス選手が優勝の喜びを語った。
5 野原にすむ小さな虫の生態を観察して最密に描いた絵本が評判を呼んだ。

11 文章から不要な箇所をサクジョする。
12 困難はもともとカクゴの上だ。
13 一面にヒマワリがサいている。
14 若さユエのあやまちだった。
15 イサましいマーチが演奏される。
16 医学博士の学位をサズけられた。
17 ミシンでエプロンをヌう。
18 掘った芋をフクロに入れる。
19 世界の平和をイノる。
20 コヨミの上では春になった。

▼解答は別冊12・13ページ

試験問題 （3級）

(一) 次の――線の**漢字の読みをひらがな**で記せ。　(30) 1×30

1 地震で地盤が隆起した。
2 借金が身の破滅を招いた。
3 ピアノの美しい調べに陶酔した。
4 連続ドラマが佳境に入る。
5 後輩の頼みを快諾する。
6 この度は恐悦至極に存じます。
7 残ったごはんを冷凍して保存する。
8 調査のため現地に滞在する。
9 祖父の葬儀がしめやかに営まれた。
10 デパートの画廊に立ち寄る。
11 歌手が刑務所を慰問する。
12 病院で骨髄の検査を受ける。
13 己の錯誤に気付かなかった。
14 マンションに管理人が常駐する。

(二) 次の――線の**カタカナ**にあてはまる漢字をそれぞれの**ア〜オ**から**一つ**選び、**記号にマーク**せよ。　(30) 2×15

1 **タン**泊な味付けを好む。
2 **タン**物を着物に仕立ててもらう。
3 心身の**タン**錬が足りない。
（ア 反　イ 丹　ウ 淡　エ 探　オ 鍛）

4 即**コク**退避するよう命じられた。
5 けがを**コク**服して復帰する。
6 一家の大**コク**柱として家族を支える。
（ア 石　イ 克　ウ 告　エ 刻　オ 黒）

7 相手チームの猛攻を**ソ**止する。
8 被害者を救済する**ソ**置がとられた。
9 堅固な**ソ**石をすえる。
（ア 訴　イ 措　ウ 素　エ 礎　オ 阻）

10 再会した友と抱**ヨウ**を交わす。
11 抑**ヨウ**のない話し方をする。
12 内心の動**ヨウ**を隠せない。
（ア 揺　イ 容　ウ 擁　エ 揚　オ 養）

(四) **熟語の構成**のしかたには次のようなものがある。　(20) 2×10

ア 同じような意味の漢字を重ねたもの　（**岩石**）
イ 反対または対応の意味を表す字を重ねたもの　（**高低**）
ウ 上の字が下の字を修飾しているもの　（**洋画**）
エ 下の字が上の字の目的語・補語になっているもの　（**着席**）
オ 上の字が下の字の意味を打ち消しているもの　（**非常**）

次の熟語は右の**ア〜オ**のどれにあたるか、**一つ**選び、**記号にマーク**せよ。

1 虚像
2 除籍
3 選択
4 需給
5 引率

6 不吉
7 喫茶
8 硬球
9 昇天
10 出納

15 返済期限の延長を哀願した。
16 焦点を絞って議論する。
17 高熱に浮かされ幻覚が生じた。
18 郊外に大きな娯楽施設ができた。
19 墳墓の地で晩年を送る。
20 一門の栄華も長くは続かなかった。
21 幼子のしぐさが笑いを誘う。
22 人混みを縫って歩く。
23 悟りの境地に達している。
24 反対派の抵抗に遭った。
25 機を織る音が聞こえてくる。
26 記録が乏しくて判然としない。
27 身辺がにわかに慌ただしくなった。
28 旅先で記念の写真を撮る。
29 一生をかけて学問を究める。
30 客に笑顔で応対する。

13 母の**オ**い立ちを聞いた。
14 深い傷を**オ**った。
15 互いに別れを**オ**しむ。
（ア 惜　イ 生　ウ 負　エ 帯　オ 推）

(三) 1～5の三つの□に**共通する漢字**を入れて熟語を作れ。漢字は**ア～コ**から**一つ**選び、**記号にマーク**せよ。 (10) 2×5

1 □観・□聴・路□
2 □和・平□・安□
3 □魂・重□・□圧
4 □走・□駆・□風
5 利□・湿□・豊□

ア 潤	イ 殖	ウ 穏	エ 概	オ 脱
カ 疾	キ 霊	ク 飽	ケ 鎮	コ 傍

(五) 次の漢字の部首を**ア～エ**から**一つ**選び、**記号にマーク**せよ。 (10) 1×10

1 郷（ア 幺　イ 丨　ウ 日　エ 阝）
2 審（ア 宀　イ 木　ウ 采　エ 田）
3 扇（ア 羽　イ 戸　ウ 一　エ 尸）
4 掛（ア 扌　イ 王　ウ 土　エ 卜）
5 敬（ア 艹　イ 攵　ウ 口　エ 勹）
6 雇（ア 尸　イ 一　ウ 隹　エ 戸）
7 逮（ア 亅　イ 隶　ウ 氺　エ 辶）
8 載（ア 戈　イ 車　ウ 弋　エ 土）
9 芳（ア ノ　イ 一　ウ 方　エ 艹）
10 賊（ア 十　イ 戈　ウ 貝　エ 弋）

(六) 後の□内のひらがなを漢字に直して□に入れ、**対義語・類義語**を作れ。□内のひらがなは一度だけ使い、**答案用紙に一字記入**せよ。 (20) 2×10

対義語

1 倹約―浪□
2 妨害―□力
3 抑制―促□
4 開始―終□
5 難解―平□

類義語

6 追憶―□顧
7 魂胆―意□
8 展示―□列
9 幽閉―監□

(八) 文中の**四字熟語**の――線の**カタカナ**を漢字に直せ。**答案用紙に二字記入**せよ。 (20) 2×10

1 大株主に**セイサツ**与奪の権を握られる。
2 選手たちの**リキセン**奮闘をたたえる。
3 将来に絶望して**ジボウ**自棄になった。
4 **イットウ**両断の処置を講じた。
5 今までの悩みが**ウンサン**霧消した。
6 古今**ムソウ**の剣士だった。
7 夜中の騒音は迷惑**センバン**だ。
8 疑心**アンキ**になって皆が敵に見えた。
9 三人の子を粒々**シンク**して育て上げた。

(十) 次の――線の**カタカナ**を**漢字**に直せ。 (40) 2×20

1 提案は**サンドウ**を得られなかった。
2 盛大な**ハクシュ**で迎えられた。
3 **ジャアク**な考えを振り払う。
4 教員の**メンキョ**を取得する。
5 野党との良好な関係を**イジ**する。
6 **サイボウ**分裂の様子を観察する。
7 すぐ非を認めたのは**ケンメイ**だった。
8 **シンシュク**性のある布でできている。
9 がけが大雨で**ホウラク**した。
10 ファンの**セイエン**に応える。

10 肝要—大□

い・かい・きょう・きん
しん・せつ・ちん・と
ひ・りょう

(七) 次の——線のカタカナを漢字一字と送りがな(ひらがな)に直せ。 (10) 2×5

〈例〉 問題にコタエル。 答える

1 名前を**フセル**には訳があった。
2 大豆は多くのタンパク質を**フクム**。
3 **タクミナ**話術で聴衆を引きつける。
4 健康のため食事の内容を**アラタメル**。
5 むだな手間を**ハブイ**た。

10 古典を読んで**温故チシン**を実感する。

(九) 次の各文にまちがって使われている**同じ読みの漢字**が**一字**ある。**上に誤字**を、**下に正しい漢字**を記せ。 (10) 2×5

1 雪で一時的に滑走路の使用が不仮能になり飛行機の発着が大幅に遅れた。
2 文学者が膨大な資料を駆使し、日本の文化史を通観する老作を著した。
3 当社は看護師や介護福祉士の資格を有する人を優先して際用します。
4 日本有数の大企業が投資に失敗し巨額の尊失を出して倒産の危機にある。
5 米国大統領が修任式の行事の一環として市内の学校で奉仕活動を行った。

11 権力に対して**ヒクツ**な態度をとる。
12 富豪の**レイジョウ**と結婚した。
13 **ブタニク**を野菜といっしょに煮込む。
14 ヨットの**ホ**を張る。
15 **メズラ**しいチョウの標本だ。
16 やってみる**ネウ**ちは十分にあった。
17 住職が仏の教えを**ト**いた。
18 春の七草を入れてかゆを**タ**く。
19 子供が**ニク**らしい口をきく。
20 スズメが稲穂に**ムラ**がる。

▼解答は別冊14・15ページ

試験問題 8 （3級）

（一） 次の――線の**漢字の読みをひらがな**で記せ。 (30) 1×30

1 アユを稚魚から養殖する。
2 専門用語を平易な語に換言する。
3 友の急死は痛恨の極みだった。
4 党の内紛に巻き込まれる。
5 恵まれた境遇で育った。
6 芸達者な知人が宴席を盛り上げた。
7 大国の脅威にさらされている。
8 脱線した列車が転覆した。
9 本邦初演のオペラを見る。
10 会社の近くの託児所を利用する。
11 日ごろから鍛錬を重ねる。
12 図書の返却を催促される。
13 政策の要綱が発表された。
14 身の毛もよだつ怪談を聞いた。

（二） 次の――線の**カタカナ**にあてはまる漢字をそれぞれの**ア～オ**から**一つ**選び、**記号にマーク**せよ。 (30) 2×15

1 利益を**キン**等に分ける。
2 情勢が**キン**迫してきた。
3 食パンを一**キン**買ってきた。
（ア 均　イ 禁　ウ 勤　エ 緊　オ 斤）

4 権力を**ショウ**中に収める。
5 寺に古い**ショウ**楼がある。
6 部長への**ショウ**進が決まった。
（ア 鐘　イ 匠　ウ 掌　エ 晶　オ 昇）

7 今年も収**カク**の季節を迎えた。
8 山上に堅固な城**カク**を築く。
9 地区役員が**カク**年で交替する。
（ア 隔　イ 穫　ウ 郭　エ 較　オ 獲）

10 長年のご愛**コ**に感謝します。
11 短期の**コ**用契約を結んだ。
12 かなり**コ**張した表現だった。
（ア 弧　イ 誇　ウ 孤　エ 顧　オ 雇）

（四） **熟語の構成**のしかたには次のようなものがある。 (20) 2×10

ア 同じような意味の漢字を重ねたもの　（**岩石**）
イ 反対または対応の意味を表す字を重ねたもの　（**高低**）
ウ 上の字が下の字を修飾しているもの　（**洋画**）
エ 下の字が上の字の目的語・補語になっているもの　（**着席**）
オ 上の字が下の字の意味を打ち消しているもの　（**非常**）

次の熟語は右の**ア～オ**のどれにあたるか、**一つ**選び、**記号にマーク**せよ。

1 彫刻
2 既成
3 起伏
4 譲歩
5 思慮
6 不滅
7 浮沈
8 邪推
9 吉凶
10 喫煙

15 金塊が隠されている場所を探す。
16 何の変哲もない毎日を送っていた。
17 虚栄心からついうそをついた。
18 チャンピオンの座を争奪する。
19 話が抽象的でわかりにくかった。
20 旅に出たいという衝動に駆られる。
21 野も山も雪に埋もれている。
22 桑の葉を蚕に与える。
23 休みが続いて怠け癖がついた。
24 テロの企てが露見した。
25 菓子の入った袋を子供たちに配る。
26 目覚ましい上達を遂げた。
27 ようやく雨脚が衰えてきた。
28 花嫁の顔は幸せに輝いていた。
29 ついぞ信念が揺らぐことはなかった。
30 最近、占いに凝っている。

13 胸が張り**サ**けそうになった。
14 混雑する時間帯を**サ**ける。
15 大きなかばんを手に**サ**げている。
（ア 咲　イ 裂　ウ 提　エ 避　オ 刺）

(三) 1～5の三つの□に**共通する漢字**を入れて熟語を作れ。漢字は**ア～コ**から**一つ**選び、**記号にマーク**せよ。 (10) 2×5

1 □意・□訳・□案
2 陰□・共□・□略
3 □圧・□制・□揚
4 □除・赦□・□許
5 選□・採□・□一

ア 択　イ 翻　ウ 排　エ 抜　オ 抑
カ 免　キ 湿　ク 謀　ケ 鋭　コ 弾

(五) 次の漢字の**部首**を**ア～エ**から**一つ**選び、**記号にマーク**せよ。 (10) 1×10

1 震（ア 厂　イ 雨　ウ 辰　エ 二）
2 遭（ア 一　イ 口　ウ 日　エ 辶）
3 祉（ア 丨　イ ネ　ウ 止　エ ト）
4 簿（ア 竹　イ 寸　ウ 田　エ 氵）
5 倣（ア 亠　イ 方　ウ 亻　エ 攵）
6 克（ア し　イ 口　ウ 儿　エ 十）
7 鼻（ア 鼻　イ 田　ウ 自　エ 廾）
8 局（ア 勹　イ ノ　ウ 尸　エ 口）
9 翼（ア 冫　イ ハ　ウ 田　エ 羽）
10 卑（ア 白　イ 十　ウ 一　エ 田）

(六) 後の□内のひらがなを漢字に直して□に入れ、**対義語・類義語**を作れ。□内のひらがなは一度だけ使い、**答案用紙に一字記入**せよ。 (20) 2×10

対義語

1 冗漫 ― □潔
2 実在 ― □空
3 穏和 ― 粗□
4 妨害 ― □力
5 解放 ― □縛

類義語

6 我慢 ― □抱
7 陳列 ― □示
8 潤沢 ― 豊□
9 明白 ― □然

(八) 文中の**四字熟語**の ― 線の**カタカナ**を**漢字**に直せ。**答案用紙に二字記入**せよ。 (20) 2×10

1 事業は**ジュンプウ満帆**だった。
2 料理の腕前を**ジガ自賛**する。
3 人々の考え方は**センサ万別**だ。
4 **シンケン勝負**にいどむ気概を持つ。
5 **ビジ麗句**を連ねただけのスピーチだ。
6 うわさを**針小ボウダイ**にいいふらす。
7 試合の経過に**一喜イチユウ**する。
8 神社にもうでて**無病ソクサイ**を祈る。
9 **困苦ケツボウ**の生活に耐える。

(十) 次の ― 線の**カタカナ**を**漢字**に直せ。 (40) 2×20

1 警察官が犯人に**テジョウ**をかける。
2 アトリエで創作に**ボットウ**している。
3 いつもより**シュウシン**時間が遅い。
4 地下室に長期間**ユウヘイ**されていた。
5 作業がすべて**カンリョウ**した。
6 **ケンポウ**の改正が論議される。
7 食料品を**レイトウ**して保存する。
8 生まれて初めて**クツジョク**を味わう。
9 暖房器具の安全**ソウチ**が故障した。
10 **コウミョウ**なトリックを使う。

10 肝要―大□

か・かん・きょう・しん
せつ・そく・てん・ふ
ぼう・れき

(七) 次の――線の**カタカナ**を**漢字一字**と**送りがな(ひらがな)**に直せ。 (10) 2×5

〈例〉 問題に**コタエル**。 答える

1 月が夜道を**テラシ**ている。

2 師の恩に**ムクイル**。

3 **クワシイ**状況はまだわからない。

4 慈善団体の運営に**タズサワッ**てきた。

5 水道管から水が**モレル**。

10 **空前ゼツゴ**の大記録を樹立した。

(九) 次の各文にまちがって使われている**同じ読みの漢字**が**一字**ある。**上に誤字**を、**下に正しい漢字**を記せ。 (10) 2×5

1 母校のチームは強豪を相手に互角に戦ったが、終盤で力尽きて惜杯した。

2 市民会館の老朽化に伴い、隣接する公園に新たな文化支設が建設された。

3 人工知脳の助けを借りて執筆された小説が文学賞の一次審査を通過した。

4 過去五十年の当計によれば、日本人の果物摂取量は減少の傾向にある。

5 大気を汚さない路面電車が再評加され世界各国で新設や延伸が相次いだ。

11 双眼鏡の**ショウテン**を合わせる。

12 手の**コウ**を擦りむいた。

13 いつも**キムズカ**しい顔をしている。

14 庭にリンゴの**ナエギ**を植える。

15 高原が深い**キリ**に包まれる。

16 梅の香りが**タダヨ**う。

17 声を**オ**し殺して泣いた。

18 楽しそうに口笛を**フ**く。

19 船上から**クジラ**の群れを観察する。

20 年来の夢は**マボロシ**と消えた。

▼解答は別冊16・17ページ

試験問題 9（3級）

（一）次の――線の**漢字の読みをひらがな**で記せ。 (30) 1×30

1 怪奇な現象が続いて起こった。
2 貴重な資料を図書館で閲覧する。
3 昇降口で友人を見かけた。
4 与えられた権利を放棄した。
5 虐待を未然に防ぐ方法を考える。
6 かつては隆盛を誇った一族だった。
7 緑の草原を馬の群れが疾走する。
8 一時は推理小説を濫読した。
9 牛乳を発酵させてチーズをつくる。
10 文壇に新風を吹き込んだ。
11 道路が東西に分岐している。
12 沖に数隻の漁船が見える。
13 命あるものに慈悲の心を向ける。
14 擦過傷に手当てを施す。

（二）次の――線の**カタカナ**にあてはまる漢字をそれぞれの**ア〜オ**から**一つ**選び、**記号にマーク**せよ。 (30) 2×15

1 長い回**ロウ**を進む。
2 入選の**ロウ**報が届いた。
3 火災は**ロウ**電によるものだった。
（ア 浪　イ 漏　ウ 朗　エ 廊　オ 楼）

4 祖国の英**ユウ**とたたえられた。
5 能の**ユウ**玄の美を味わう。
6 顔に**ユウ**色を浮かべていた。
（ア 憂　イ 勇　ウ 遊　エ 幽　オ 雄）

7 屈**タク**のない笑い声が聞こえる。
8 **タク**抜な着想に感心する。
9 光**タク**のある髪を長く垂らす。
（ア 卓　イ 託　ウ 拓　エ 宅　オ 沢）

10 環境美化の**ホウ**仕活動に加わる。
11 キノコ類は**ホウ**子で増殖する。
12 体制の**ホウ**壊が予想される。
（ア 崩　イ 倣　ウ 胞　エ 奉　オ 邦）

（四）**熟語の構成**のしかたには次のようなものがある。 (20) 2×10

ア 同じような意味の漢字を重ねたもの（**岩石**）
イ 反対または対応の意味を表す字を重ねたもの（**高低**）
ウ 上の字が下の字を修飾しているもの（**洋画**）
エ 下の字が上の字の目的語・補語になっているもの（**着席**）
オ 上の字が下の字の意味を打ち消しているもの（**非常**）

次の熟語は右の**ア〜オ**のどれにあたるか、**一つ**選び、**記号にマーク**せよ。

1 譲位
2 救援
3 敢闘
4 換金
5 狩猟

6 精粗
7 基礎
8 不穏
9 因果
10 鼻孔

15 濃紺のスーツを新調する。
16 サケが産卵する時期になった。
17 窓口でパスポートを申請する。
18 競馬界で最も人気のある騎手だ。
19 新たに仏像を鋳造する。
20 北欧を巡る旅に出発する。
21 木彫りの熊が飾ってある。
22 既に戦いは始まっている。
23 はだに潤いがなくなってきた。
24 いよいよ恋しさが募る。
25 夢は幻のように消え去った。
26 熱い思いを胸に秘めている。
27 ススキの穂が風になびく。
28 殴り書きの手紙を送ってよこした。
29 娘と孫を相伴って墓に参る。
30 芝生への立ち入りを禁止する。

13 店の売り上げがノびた。
14 一言私見をノべる。
15 金のノべ棒を輸送する。
（ア 載　イ 述　ウ 伸　エ 乗　オ 延）

（三） 1～5の三つの□に**共通する漢字**を入れて熟語を作れ。漢字は**ア～コ**から**一つ**選び、**記号にマーク**せよ。 （10） 2×5

1 栄□・□水・弱□
2 □取・□理・□生
3 完□・□承・魅□
4 □略・気□・□観
5 手□・□前・□剤

ア 了	イ 華	ウ 遂	エ 錠	オ 冠
カ 腕	キ 摂	ク 謀	ケ 概	コ 奪

（五） 次の漢字の**部首**を**ア～エ**から**一つ**選び、**記号にマーク**せよ。 （10） 1×10

1 舞 （ア 二　イ 舛　ウ 十　エ 夕）
2 斜 （ア 十　イ 人　ウ 、　エ 斗）
3 墨 （ア 里　イ 黒　ウ 土　エ 灬）
4 虚 （ア ト　イ 广　ウ 厂　エ 虍）
5 岳 （ア 山　イ 凵　ウ 斤　エ 一）
6 匠 （ア 斤　イ 丨　ウ 匚　エ ノ）
7 髄 （ア 骨　イ 辶　ウ 月　エ 冖）
8 者 （ア ノ　イ 土　ウ 日　エ 耂）
9 埋 （ア 二　イ 土　ウ 里　エ 田）
10 術 （ア 行　イ 彳　ウ 十　エ 亅）

(六) 後の□内のひらがなを漢字に直して□に入れ、**対義語・類義語**を作れ。□内のひらがなは一度だけ使い、**答案用紙に一字記入せよ。** (20) 2×10

対義語

1 強情―従□

2 模倣―独□

3 遠隔―近□

4 辛勝―□敗

5 地獄―極□

類義語

6 案内―□導

7 無視―黙□

8 平定―鎮□

9 措置―□置

(八) 文中の**四字熟語**の――線の**カタカナ**を漢字に直せ。**答案用紙に二字記入せよ。** (20) 2×10

1 投稿作品は**ギョクセキ混交**だった。

2 悪友の**シタサキ三寸**に乗せられた。

3 話はそれほど**タンジュン明快**ではない。

4 ものごとを**イットウ両断**に裁く。

5 **メイジツ一体**の巨匠だった。

6 **本末テントウ**した議論が続いた。

7 **失望ラクタン**した友を励ます。

8 景気が**暗雲テイメイ**の状態を脱した。

9 最後まで**清廉ケッパク**を貫いた。

(十) 次の――線の**カタカナを漢字**に直せ。 (40) 2×20

1 雪の**ケッショウ**を観察する。

2 **ソウリョク**をあげて難事に当たる。

3 他球団への**イセキ**が決まった。

4 **コウミョウ**な手口に引っ掛かった。

5 父の跡を継いで**コウテイ**の位につく。

6 **シンケン**な表情で試験に取り組む。

7 病院で**カンゾウ**の検査を受ける。

8 暗くて木を人と**サッカク**した。

9 ビタミンが**ケツボウ**して病気になる。

10 地中海随一の**コウワン**都市だった。

10 解雇－免□

あつ・さつ・じゅん・しょ
しょく・せき・せつ・そう
ゆう・らく

(七) 次の――線のカタカナを漢字一字と送りがな(ひらがな)に直せ。 (10) 2×5

〈例〉 問題にコタエル。 答える

1 二人の意見はスルドク対立した。
2 注意するとすぐにフクレル。
3 なわで薪をシバッて運ぶ。
4 困難から目をソムケなかった。
5 わかした麦茶をサマス。

10 追及されて支離メツレツな答弁をした。

(九) 次の各文にまちがって使われている同じ読みの漢字が一字ある。上に誤字を、下に正しい漢字を記せ。 (10) 2×5

1 昔の湯治場の趣が残るひなびた温泉に滞留して神経痛の療治に宣念する。
2 日本の事務機器会社が米国の提携企業を当合し海外での販路拡大を図る。
3 毎年湖畔で改催される恒例のマラソン大会に男女約一万人が参加した。
4 希少動物が生則する区域で、天敵となるノラネコの排除に苦慮している。
5 登山者が面密な計画を立てずに行動し遭難するケースが増えている。

11 はやニチボツが迫っている。
12 年老いた母を自宅でカイゴする。
13 路傍にノギクの花が咲いていた。
14 アワてて出掛ける準備をした。
15 けがは大事にイタらなかった。
16 豆まきでオニの役をした。
17 パソコンのアツカいに慣れていない。
18 ホネミを削って働いた。
19 どこかニクめないところがある。
20 いつのまにかフルカブの社員になった。

▼解答は別冊18・19ページ

9

試験問題10（3級）

(一) 次の――線の**漢字の読みをひらがな**で記せ。 (30) 1×30

1 冗漫な文章にうんざりする。
2 詩の表現に技巧を凝らす。
3 水回りに修繕を要する箇所が多い。
4 フルートの甘い調べに陶酔する。
5 これ以上の質問はご勘弁願いたい。
6 仮病を使って欠席する。
7 論文からの抜粋を学生たちに配る。
8 視察団が北欧諸国を歴訪した。
9 方針を転換する必要がある。
10 優勝旗の奪回を期する。
11 神社に酒を奉納する。
12 コレラの感染ルートを調査する。
13 話題は多岐にわたった。
14 打球が弧を描いて飛んでいく。

(二) 次の――線の**カタカナ**にあてはまる漢字をそれぞれの**ア～オ**から**一つ**選び、**記号にマーク**せよ。 (30) 2×15

1 辞書の改**テイ**版が出た。
2 法律に**テイ**触している。
3 両国が条約を**テイ**結した。
（ア締　イ帝　ウ訂　エ抵　オ底）

4 冠婚**ソウ**祭のマナーを習う。
5 手紙を読んで心配が一**ソウ**された。
6 厳冬の雪山で**ソウ**難した。
（ア葬　イ遭　ウ騒　エ掃　オ双）

7 **キ**引きで学校を休む。
8 天才**キ**士として評判になる。
9 ガソリンは**キ**発性が高い。
（ア企　イ軌　ウ棋　エ揮　オ忌）

10 濃**コン**のブレザーを着る。
11 突然の申し出に**コン**惑する。
12 悔**コン**の念にさいなまれた。
（ア墾　イ紺　ウ恨　エ魂　オ困）

(四) **熟語の構成**のしかたには次のようなものがある。 (20) 2×10

ア 同じような意味の漢字を重ねたもの（**岩石**）
イ 反対または対応の意味を表す字を重ねたもの（**高低**）
ウ 上の字が下の字を修飾しているもの（**洋画**）
エ 下の字が上の字の目的語・補語になっているもの（**着席**）
オ 上の字が下の字の意味を打ち消しているもの（**非常**）

次の熟語は右の**ア～オ**のどれにあたるか、**一つ**選び、**記号にマーク**せよ。

1 耐震
2 概況
3 出没
4 潜水
5 安穏

6 存亡
7 霊魂
8 任免
9 不遇
10 濫獲

15 むやみに卑下しなくともよい。
16 己の感情を抑制できなかった。
17 青い海をヨットが帆走する。
18 負傷者を担架で運ぶ。
19 虚飾にまみれた人生を送る。
20 独立する覚悟はできている。
21 薪が炎を上げて燃える。
22 花壇の花が競うように咲いている。
23 あまりの寒さに凍えそうだった。
24 えもいわれぬ香りが漂っている。
25 鶏の鳴き声がけたたましい。
26 危険を顧みず救出に向かう。
27 ふだんより辛いカレーを作ってみた。
28 プランターで苗を育てる。
29 口先だけで行動が伴わない。
30 電車で席を譲られた。

13 名刺を千枚**ス**る。
14 邪悪な考えが胸に**ス**くう。
15 コートのそで口が**ス**り切れている。
（ア 刷　イ 擦　ウ 澄　エ 透　オ 巣）

(三) 1～5の三つの□に**共通する漢字**を入れて熟語を作れ。漢字は**ア～コ**から**一つ**選び、**記号にマーク**せよ。 (10) 2×5

1 □一・選□・採□
2 □権・負□・□務
3 □衆・傍□・傾□
4 遠□・□離・□世
5 □装・□布・□料

ア 択　イ 随　ウ 舗　エ 慮　オ 聴
カ 隔　キ 塗　ク 観　ケ 棄　コ 債

(五) 次の漢字の**部首**を**ア～エ**から**一つ**選び、**記号にマーク**せよ。 (10) 1×10

1 慌 （ア 艹　イ 忄　ウ 川　エ 亠）
2 局 （ア 勹　イ 口　ウ 丿　エ 尸）
3 窒 （ア 穴　イ 土　ウ 至　エ 宀）
4 常 （ア 口　イ ⺌　ウ 冖　エ 巾）
5 卸 （ア 止　イ 丿　ウ 卩　エ 二）
6 衛 （ア 二　イ 行　ウ 口　エ 彳）
7 烈 （ア 灬　イ 歹　ウ 夕　エ 刂）
8 企 （ア 止　イ 人　ウ 一　エ 卜）
9 膜 （ア 大　イ 艹　ウ 月　エ 日）
10 乏 （ア 丿　イ 丶　ウ 乙　エ ⻌）

(六) 後の□内のひらがなを漢字に直して□に入れ、対義語・類義語を作れ。□内のひらがなは一度だけ使い、答案用紙に一字記入せよ。 (20) 2×10

対義語

1 一般―□殊
2 歓喜―悲□
3 怠慢―□勉
4 強固―柔□
5 虐待―愛□

類義語

6 外見―体□
7 屈服―降□
8 交通―□来
9 展示―陳□

(八) 文中の四字熟語の――線のカタカナを漢字に直せ。答案用紙に二字記入せよ。 (20) 2×10

1 **ココン**東西の怪談を集める。
2 **テンイ**無縫な作風で知られている。
3 党は**シブン**五裂の状態にあった。
4 **カチョウ**風月を和歌の題材にする。
5 **リンキ**応変の処置をとる。
6 部下を活殺**ジザイ**に動かす。
7 言語**ドウダン**の振る舞いにあきれる。
8 すでに用意**バンタン**整っている。
9 完成まで試行**サクゴ**を繰り返した。

(十) 次の――線のカタカナを漢字に直せ。 (40) 2×20

1 **ボンジン**に理解できる説ではない。
2 出番が迫り極度に**キンチョウ**した。
3 カビは**ホウシ**で殖える。
4 **ヨクジツ**の会議の予定を確かめる。
5 貴重な時間を**ロウヒ**する。
6 リーダーが人員を**テンコ**する。
7 駅の周辺で**チュウシャ**場を探す。
8 警察が**ショウコ**品を押さえた。
9 市は財政支出の**サクゲン**を目指す。
10 課長への**ショウシン**が決まった。

10 了承 ― 承□

あい・おう・きん・ご
さい・さん・じゃく・だく
とく・れつ

(七) 次の――線の**カタカナ**を**漢字一字**と**送りがな(ひらがな)**に直せ。 (10) 2×5

〈例〉 問題に**コタエル**。 答える

1 農地を精魂込めて**タガヤス**。

2 **ウモレ**た人材を発掘する。

3 数々の**カガヤカシイ**経歴を持つ。

4 ごはんをよく**ムラシ**てから食べる。

5 山登りで足腰を**キタエル**。

10 姿勢が首尾**イッカン**している。

(九) 次の各文にまちがって使われている**同じ読みの漢字**が**一字**ある。**上に誤字**を、**下に正しい漢字**を記せ。 (10) 2×5

1 明治美術界の巨匠の創作過提を知る資料となるスケッチ帳が見つかった。

2 伝統野菜の産地を豪雨が直撃し、出貨前の作物が壊滅的な被害を受けた。

3 寺の境内では開祖の遺徳をしのんで毎年夏に恒礼の仏事が催される。

4 人工知能やロボットを動入して業務の効率化を図る企業が増えている。

5 庭木の伐採と害虫駆助のための薬剤散布を造園業者に依頼した。

11 新入生を大きな**ハクシュ**で迎えた。

12 危うく**チコク**しそうになった。

13 網の目が**アラ**くて小魚が逃げた。

14 稲の**ホ**が実って垂れ下がっている。

15 床の間の**カ**け軸を取り替える。

16 **アサセ**で水遊びに興じる。

17 街並みが**イチジル**しく変わっていた。

18 若さを**タモ**つひけつを尋ねた。

19 何かが**コ**げるにおいがする。

20 波で砂の城が**クズ**れた。

▼解答は別冊20・21ページ

試験問題 11 （3級）

(一) 次の——線の漢字の読みをひらがなで記せ。 (30) 1×30

1 映画界の巨匠の一人とされる。
2 豪雪のため陸の孤島となった。
3 あこがれていた人に幻滅した。
4 壁画の鮮やかな色彩に詠嘆する。
5 筆者の該博さに驚いた。
6 文章に一か所脱漏があった。
7 台所で使うふきんを漂白する。
8 講演を聞いて大いに啓発された。
9 敵軍の侵入を阻止する。
10 子犬にえさを催促された。
11 病床にある父が目に見えて衰弱した。
12 改築にかかる費用を概算する。
13 都市の近郊に住宅地が広がる。
14 説明が抽象的でわかりにくい。

(二) 次の——線のカタカナにあてはまる漢字をそれぞれのア〜オから一つ選び、記号にマークせよ。 (30) 2×15

1 話が事実とぴったり**フ**合する。
2 単身**フ**任することになった。
3 天から**フ**与された才能を生かす。
（ア 腐　イ 普　ウ 符　エ 赴　オ 賦）

4 甘美なメロディーに**トウ**酔する。
5 冬山で足が**トウ**傷にかかった。
6 つらい現実から**トウ**避する。
（ア 陶　イ 凍　ウ 逃　エ 痘　オ 透）

7 追**ボ**の情がこみあげる。
8 墳**ボ**の地を訪れる。
9 人権標語を公**ボ**する。
（ア 募　イ 模　ウ 簿　エ 慕　オ 墓）

10 話が**ジョウ**漫に過ぎる。
11 土地を知人に**ジョウ**渡する。
12 数種類の**ジョウ**剤を処方された。
（ア 冗　イ 譲　ウ 丈　エ 嬢　オ 錠）

(四) 熟語の構成のしかたには次のようなものがある。 (20) 2×10

ア 同じような意味の漢字を重ねたもの（岩石）
イ 反対または対応の意味を表す字を重ねたもの（高低）
ウ 上の字が下の字を修飾しているもの（洋画）
エ 下の字が上の字の目的語・補語になっているもの（着席）
オ 上の字が下の字の意味を打ち消しているもの（非常）

次の熟語は右のア〜オのどれにあたるか、一つ選び、記号にマークせよ。

1 遵法
2 解雇
3 傍観
4 添削
5 換言
6 墜落
7 慈雨
8 未踏
9 正邪
10 祝賀

15 パンの製造に酵母を使う。
16 さんざんしかられた末に放免された。
17 人が見ているので虚勢を張った。
18 台風で鶏舎の屋根が飛ばされた。
19 医師がレントゲン写真を凝視する。
20 部屋の暖房を弱める。
21 黒砂糖の塊を口に入れる。
22 ふだんから足腰を鍛えている。
23 怠けている暇はない。
24 山寺の鐘の音が響いてくる。
25 己のあやまちを悔いる。
26 出先で夕立に遭った。
27 昔はかまどで煮炊きしていた。
28 仲間から恨まれるとは思わなかった。
29 立案段階から企画に携わってきた。
30 脅されて犯人の言いなりになった。

13 思いを**ト**げることができなかった。
14 ねこがつめを**ト**いでいる。
15 絵の具を水に**ト**く。
(ア 溶　イ 遂　ウ 採　エ 研　オ 説)

(三) 1～5の三つの□に**共通する漢字**を入れて熟語を作れ。漢字は**ア～コ**から**一つ**選び、**記号にマーク**せよ。 (10) 2×5

1 □揚・□載・前□
2 □代・早□・□木
3 □行・野□・□声
4 遠□・□離・□絶
5 清□・一□・□除

ア 廉　イ 抑　ウ 随　エ 掃　オ 蛮
カ 歴　キ 慮　ク 苗　ケ 掲　コ 隔

(五) 次の漢字の**部首**を**ア～エ**から**一つ**選び、**記号にマーク**せよ。 (10) 1×10

1 戦 (ア 弋　イ 田　ウ ⺍　エ 戈)
2 虐 (ア 虍　イ 广　ウ 卜　エ 匚)
3 袋 (ア 亠　イ 衣　ウ 亻　エ 弋)
4 宴 (ア 冖　イ 日　ウ 女　エ 宀)
5 舞 (ア 舛　イ 二　ウ 十　エ 夕)
6 殴 (ア 又　イ 匚　ウ 殳　エ 几)
7 夏 (ア 目　イ 夂　ウ 一　エ 自)
8 湾 (ア 氵　イ 弓　ウ 八　エ 亠)
9 街 (ア 土　イ 行　ウ 彳　エ 亻)
10 嘱 (ア 冂　イ 尸　ウ 口　エ 虫)

(六) 後の□内のひらがなを漢字に直して□に入れ、**対義語・類義語**を作れ。□内のひらがなは一度だけ使い、**答案用紙に一字記入**せよ。 (20) 2×10

対義語

1 鎮静―興□
2 緩慢―敏□
3 支配―□属
4 公開―秘□
5 賢明―□愚

類義語

6 図書―書□
7 卑俗―下□
8 重荷―負□
9 屈服―降□

(八) 文中の**四字熟語**の――線の**カタカナ**を漢字に直せ。**答案用紙に二字記入**せよ。 (20) 2×10

1 社長の**ドクダン**専行が目に余る。
2 金メダルを手に**イキ**揚々と帰国した。
3 苦労が報われず**シツボウ**落胆した。
4 開店早々**センキャク**万来だ。
5 **タイキ**晩成の書家として知られる。
6 起死**カイセイ**の妙策が浮かんだ。
7 キャプテンとして率先**スイハン**する。
8 時代**サクゴ**の考え方だと笑われる。
9 小説の完成に全身**ゼンレイ**を傾けた。

(十) 次の――線の**カタカナ**を漢字に直せ。 (40) 2×20

1 騒音で**アンミン**できなかった。
2 小遣いを**ケンヤク**して貯金する。
3 多大な**ギセイ**を払う結果になった。
4 党が二つに**ブンレツ**した。
5 **キソ**的な学力を身につける。
6 夫人を**ドウハン**して式に出席する。
7 **ユウシュウ**な成績で卒業した。
8 ビルに管理人が**ジョウチュウ**する。
9 豪華な料理が**ショクタク**に並ぶ。
10 割引券の**ユウコウ**期限が切れていた。

10 精励―勤□

あん・さん・じゅう・せき
そく・たん・とく・ひん
ふん・べん

(七) 次の――線のカタカナを漢字一字と送りがな(ひらがな)に直せ。 (10) 2×5

〈例〉問題にコタエル。 答える

1 試験直前でものんびりカマエル。
2 首位との差がイチジルシク開いた。
3 あらしで大木がタオレた。
4 コガサずに魚を焼く。
5 何度聴いてもアキルことがない曲だ。

10 離合シュウサンは世の習いである。

(九) 次の各文にまちがって使われている同じ読みの漢字が一字ある。上に誤字を、下に正しい漢字を記せ。 (10) 2×5

1 鉄道会社が開業百周年を記念して特別な塗操を施した車両を走らせた。
2 伝統産業の貴重な技術が延滑に次世代に引き継がれるよう支援する。
3 海外の愛犬家に人気の高い秋田犬は、狩猟犬や闘犬として仕育されていた。
4 欧米では自動車の二酸化炭素の排出量に関する寄制が一層強化された。
5 連勝記録の更新など最年少のプロ棋士の快進激が脚光を浴びた。

11 丘のシャメンにみかん畑がある。
12 中庭に大理石のチョウコクを置く。
13 遺族が被告にニクしみの目を向ける。
14 二人は互いにユビワを交換した。
15 すべての役職からシリゾいた。
16 黄金のカンムリが光り輝く。
17 モモの花が咲き始めた。
18 牧場で牛のチチシボりを見学する。
19 早急に赤字をウめる必要があった。
20 日照りが続いて田がヒアがる。

▼解答は別冊22・23ページ

（一） 次の――線の**漢字の読みをひらがな**で記せ。 (30) 1×30

1 美しい歌声に魅了された。
2 粗相のないように気を配る。
3 資料館で貴重な古文書を閲覧する。
4 話し合いで穏便に解決した。
5 策謀にたけた武将として知られる。
6 家族のだれもが倹約に努めた。
7 殊勝な決意に感心した。
8 大気中の二酸化炭素削減に取り組む。
9 時代を超越した偉大な作品だ。
10 実験室で純粋なアルコールを作る。
11 宿泊の施設が整備されている。
12 社長が直々に社員を慰労した。
13 恩師を敬慕してやまない。
14 緊急措置が講じられた。

（二） 次の――線の**カタカナ**にあてはまる漢字をそれぞれの**ア～オ**から**一つ**選び、**記号にマーク**せよ。 (30) 2×15

1 鉱山の**コウ**道を掘る。
2 民族間の**コウ**争が激化した。
3 相手の態度が突然**コウ**化した。
（ア 巧　イ 抗　ウ 坑　エ 攻　オ 硬）

4 傷口に薬を**ト**布する。
5 仕事を終えて帰**ト**に就いた。
6 北**ト**七星を目印にする。
（ア 渡　イ 途　ウ 吐　エ 斗　オ 塗）

7 **ソウ**方の合意に基づいて行う。
8 思いがけない人物に**ソウ**遇した。
9 廉売して在庫を一**ソウ**する。
（ア 掃　イ 双　ウ 葬　エ 遭　オ 宗）

10 食**リョウ**事情が悪化している。
11 古代の**リョウ**墓を調査する。
12 小包の受**リョウ**証にサインした。
（ア 量　イ 糧　ウ 陵　エ 猟　オ 領）

（四） **熟語の構成**のしかたには次のようなものがある。 (20) 2×10

ア 同じような意味の漢字を重ねたもの（**岩石**）
イ 反対または対応の意味を表す字を重ねたもの（**高低**）
ウ 上の字が下の字を修飾しているもの（**洋画**）
エ 下の字が上の字の目的語・補語になっているもの（**着席**）
オ 上の字が下の字の意味を打ち消しているもの（**非常**）

次の熟語は右の**ア～オ**のどれにあたるか、**一つ**選び、**記号にマーク**せよ。

1 換言
2 出納
3 濃紺
4 侵犯
5 乾湿

6 選択
7 未遂
8 合掌
9 波浪
10 岐路

15 同窓会の名簿を作成した。
16 篤実な人柄で信頼するに足る。
17 架空の話を真に受けそうになった。
18 口ぶりに焦燥感が表れていた。
19 初めての土地に赴任した。
20 はるかかなたに霊峰をのぞむ。
21 行く春を惜しんで人々が集う。
22 イヤホンから音が漏れてくる。
23 昔ながらの方法で機を織っている。
24 愚かな行動を反省する。
25 ドレスに合わせて髪を結い上げる。
26 車をシートで覆った。
27 川の浅瀬で水遊びをする。
28 蚕が音を立てて桑の葉を食べる。
29 手袋のほつれを繕った。
30 怒りを抑えることができなかった。

---

13 暇にアかして小説を読む。
14 久しぶりに旧友と語りアかした。
15 応援されて意気がアがる。
（ア 揚　イ 在　ウ 飽　エ 明　オ 荒）

(三) 1〜5の三つの□に**共通する漢字**を入れて熟語を作れ。漢字は**ア〜コ**から**一つ**選び、**記号にマーク**せよ。 (10) 2×5

1 交□・□誤・□覚
2 屈□・嘱□・□児所
3 □惑・□因・□導
4 豊□・利□・□沢
5 □出・□気・□他

ア 辱	イ 富	ウ 潤	エ 換	オ 託
カ 排	キ 困	ク 錯	ケ 脱	コ 誘

(五) 次の漢字の**部首**を**ア〜エ**から**一つ**選び、**記号にマーク**せよ。 (10) 1×10

1 殴（ア 几　イ 又　ウ 殳　エ 匚）
2 遵（ア 酉　イ 辶　ウ 一　エ 寸）
3 革（ア 艹　イ 口　ウ 十　エ 革）
4 吉（ア 一　イ 十　ウ 士　エ 口）
5 華（ア 艹　イ 𦍌　ウ 二　エ 十）
6 厘（ア 日　イ 里　ウ 厂　エ 土）
7 塊（ア 土　イ 鬼　ウ 厶　エ 儿）
8 欲（ア 人　イ 欠　ウ 谷　エ 口）
9 貫（ア 毋　イ 一　ウ 貝　エ 目）
10 房（ア 亠　イ 方　ウ 尸　エ 戸）

12

㈥ 後の□内のひらがなを漢字に直して□に入れ、対義語・類義語を作れ。□内のひらがなは一度だけ使い、答案用紙に一字記入せよ。 (20) 2×10

対義語

1 抑制―促□
2 歓喜―□哀
3 繁栄―没□
4 解放―束□
5 賞賛―非□

類義語

6 阻害―邪□
7 精励―勤□
8 下品―□卑
9 計算―勘□

㈧ 文中の四字熟語の――線のカタカナを漢字に直せ。答案用紙に二字記入せよ。 (20) 2×10

1 復旧作業が**フミン**不休で続けられる。
2 **デンコウ**石火の早業に驚嘆する。
3 事業に失敗して**ジボウ**自棄になった。
4 **ダイタン**不敵にも正面から攻め入った。
5 厳に**コウシ**混同を慎む。
6 奇想**テンガイ**な物語だった。
7 再会を一日**センシュウ**の思いで待つ。
8 老成**エンジュク**の境地に達している。
9 終盤に起死**カイセイ**の一打を放った。

㈩ 次の――線のカタカナを漢字に直せ。 (40) 2×20

1 海岸に小舟が**ヒョウチャク**した。
2 国会で大臣が**トウベン**する。
3 **ネンド**をこねて動物の形にする。
4 **セイオウ**文明の源流を探る。
5 牛乳を**ハッコウ**させてチーズを作る。
6 ホテルのバスで客を**ソウゲイ**する。
7 クイズを解いて賞品を**カクトク**した。
8 作品が入選して**ホンモウ**だ。
9 歩行者信号が**テンメツ**している。
10 党の**ナイフン**に巻き込まれる。

10 技量 ― 手□

じょう・しん・なん・ばく
ひ・べん・ま・や
らく・わん

(七) 次の――線のカタカナを漢字一字と送りがな(ひらがな)に直せ。 (10) 2×5

〈例〉 問題にコタエル。 答える

1 迷いの果てに真理をサトル。
2 スミヤカニ荷物を移動させた。
3 鉄分を多くフクンでいる。
4 現役をシリゾク意志を固めた。
5 門柱に表札をカカゲル。

10 ついに器用ビンボウの域を出なかった。

(九) 次の各文にまちがって使われている同じ読みの漢字が一字ある。上に誤字を、下に正しい漢字を記せ。 (10) 2×5

1 看後師の再就職の際、勤務形態や給与額を折衝する代行サービスがある。
2 著名な音楽表論家が、今も聴き継がれる歌謡曲を紹介する本を出した。
3 サイの角が高値で取り引きされ、犯罪組織による密猟が増過している。
4 創業時の方針を堅事した経営者が死去し会社は大きな転機に立っている。
5 農産物直売所の売り上げが大幅に伸び地域経財への好影響が期待される。

11 タッキュウ部の主将を務めている。
12 大規模な美術展がカイサイされた。
13 世界大会出場のキップを手にする。
14 一日中農作業をしてツカれた。
15 皇帝のカンムリが展示されている。
16 楽しげに笛をフき鳴らしている。
17 川の流れがイキオいを増す。
18 庭木の手入れに職人をヤトった。
19 王子と隣国のヒメの婚礼があった。
20 欠員を急いでオギナった。

▼解答は別冊24・25ページ

試験問題13（3級）

（一）次の――線の**漢字の読み**を**ひらがな**で記せ。 (30) 1×30

1 先人の軌跡をたどる。
2 一年前の大会の雪辱をちかう。
3 険阻な山道が続いている。
4 しばし、虚脱状態になった。
5 情け容赦のない言葉を浴びせる。
6 華やかな祝宴に列席する。
7 遠く離れた島に漂着した。
8 食パンを一斤買ってきた。
9 弟子から敬慕されている。
10 近代国家建設の礎石を築く。
11 悔恨の念にさいなまれる。
12 起伏の多い人生を送った。
13 厳正な審査を経て選ばれた。
14 独創性では他の追随を許さない。

（二）次の――線の**カタカナ**にあてはまる漢字をそれぞれの**ア～オ**から**一つ**選び、**記号にマーク**せよ。 (30) 2×15

1 **ユウ**大な山容に圧倒される。
2 **ユウ**玄の世界が表現されている。
3 国の将来を**ユウ**慮する。
（ア 雄　イ 憂　ウ 優　エ 有　オ 幽）

4 明**ロウ**な性格の好青年だった。
5 波**ロウ**が逆巻く大しけになった。
6 **ロウ**電が火災の原因だった。
（ア 朗　イ 廊　ウ 郎　エ 漏　オ 浪）

7 会の**ボウ**頭であいさつをした。
8 耐**ボウ**生活に甘んじるほかなかった。
9 陰**ボウ**が明るみに出る。
（ア 妨　イ 冒　ウ 乏　エ 帽　オ 謀）

10 **ジョウ**談を真に受ける。
11 大富豪の令**ジョウ**が婚約した。
12 涙をこらえて気**ジョウ**に振る舞う。
（ア 丈　イ 状　ウ 嬢　エ 冗　オ 畳）

（四）**熟語の構成**のしかたには次のようなものがある。 (20) 2×10

ア 同じような意味の漢字を重ねたもの（**岩石**）
イ 反対または対応の意味を表す字を重ねたもの（**高低**）
ウ 上の字が下の字を修飾しているもの（**洋画**）
エ 下の字が上の字の目的語・補語になっているもの（**着席**）
オ 上の字が下の字の意味を打ち消しているもの（**非常**）

次の熟語は右の**ア～オ**のどれにあたるか、**一つ**選び、**記号にマーク**せよ。

1 義賊
2 変換
3 乾湿
4 催眠
5 運搬
6 往復
7 未詳
8 駐車
9 護衛
10 芳香

15 名声を失墜させる行為だった。
16 説明を聞いて納得がいった。
17 湖畔の宿で休暇を過ごす。
18 胃腸薬の錠剤を飲む。
19 翻訳されて海外で広く読まれている。
20 ようやく大病を克服した。
21 あれこれと難癖をつけられた。
22 お年寄りに席を譲った。
23 思い出すたびに涙を誘われる。
24 何とか世間体を繕った。
25 年とともに脚力が衰えてきた。
26 台所で煮炊きする音が聞こえる。
27 あきらめずに最後まで粘る。
28 房のついた帽子をかぶる。
29 計画を実行するよう促す。
30 名工が鍛えた剣を鑑賞する。

13 水たまりを**サ**けて歩く。
14 大きな紙袋を**サ**げている。
15 口が**サ**けても言わない。

（ア 裂　イ 避　ウ 刺　エ 提　オ 覚）

(三) 1～5の三つの□に**共通する漢字**を入れて熟語を作れ。漢字は**ア～コ**から**一つ**選び、**記号にマーク**せよ。 **(10)** 2×5

1 □中・車□・□握
2 精□・商□・□胆
3 □慢・□流・無□
4 □走・□風・□駆
5 □入・沈□・□水

ア 魂	イ 的	ウ 我	エ 侵	オ 霊
カ 疾	キ 滑	ク 潜	ケ 怠	コ 掌

(五) 次の漢字の**部首**を**ア～エ**から**一つ**選び、**記号にマーク**せよ。 **(10)** 1×10

1 蓄（ア 亠　イ 艹　ウ 玄　エ 田）
2 整（ア 止　イ 口　ウ 木　エ 攵）
3 甲（ア 田　イ 日　ウ 十　エ 口）
4 覧（ア 見　イ 目　ウ 匚　エ 臣）
5 愚（ア 曰　イ 田　ウ 厶　エ 心）
6 卸（ア 二　イ ノ　ウ 卩　エ 止）
7 遵（ア 西　イ 辶　ウ 寸　エ 酉）
8 痘（ア 口　イ 广　ウ 疒　エ 豆）
9 賊（ア 十　イ 貝　ウ 戈　エ 弋）
10 魔（ア 广　イ 木　ウ 厶　エ 鬼）

(六) 後の□内のひらがなを漢字に直して□に入れ、**対義語・類義語**を作れ。□内のひらがなは一度だけ使い、**答案用紙に一字記入せよ**。 (20) 2×10

対義語

1 追加―□減
2 倹約―浪□
3 軽率―慎□
4 大綱―□目
5 郊外―□心

類義語

6 賢明―□口
7 用心―警□
8 展示―□列
9 薄情―□淡

(八) 文中の**四字熟語**の―線の**カタカナ**を漢字に直せ。**答案用紙に二字記入せよ**。 (20) 2×10

1 **ホンマツ転倒**もはなはだしい。
2 記者が**タントウ直入**に質問する。
3 姉妹共に**サイショク兼備**で知られた。
4 **フクザツ怪奇**な事件だった。
5 帝国は**キキュウ存亡**のときを迎えた。
6 **一日センシュウ**の思いで再会を待つ。
7 祖母の気質が**隔世イデン**したようだ。
8 **力戦フントウ**した選手をたたえる。
9 昔から人は**不老チョウジュ**を願った。

(十) 次の―線の**カタカナ**を**漢字**に直せ。 (40) 2×20

1 ビニール袋に入れて**ミップウ**する。
2 室内を**カイテキ**な温度に保つ。
3 世界屈指の**マイゾウ**量を誇る油田だ。
4 健康の**イジ**に努めている。
5 **キバ**の隊列がパレードを先導する。
6 多くの**ギセイ**を強いられた。
7 ピアノでコーラスの**バンソウ**をする。
8 風邪で**ビネツ**が続いている。
9 自ら**ボケツ**を掘る結果になった。
10 耳鼻科で**チョウリョク**の検査をする。

10 強硬――強□

いん・かい・さい・さく
ちょう・ちん・と・ひ
り・れい

(七) 次の――線のカタカナを漢字一字と送りがな(ひらがな)に直せ。 (10) 2×5

〈例〉 問題にコタエル。 答える

1 法要は厳かにイトナマれた。
2 過ぎゆく春をオシム。
3 今朝はメズラシク早起きした。
4 部屋がひどくチラカッている。
5 突然の来客にアワテル。

10 刻苦ベンレイして志を果たした。

(九) 次の各文にまちがって使われている同じ読みの漢字が一字ある。上に誤字を、下に正しい漢字を記せ。 (10) 2×5

1 成人式の晴れ着に着替えると、ふだんとは違う心地よい緊張観を覚えた。
2 工場から排出される水が海を汚占し、地元の漁業に深刻な影響を及ぼした。
3 決勝では強豪を相手にもてる力を存分に発期して初優勝の栄冠に輝いた。
4 探検隊は南極点の集辺で猛吹雪に襲われ一時退避して遭難をまぬかれた。
5 深い峡谷を走る列車の窓からは造化の妙とも言うべき奇観が万喫できる。

11 因習によるソクバクを断ち切る。
12 メンゼイ店が観光客でにぎわう。
13 助けを求めて声を限りにサケんだ。
14 真っ赤なホノオが夜空を焦がした。
15 巧みな話術で人をアきさせない。
16 歩き疲れてその場にスワりこんだ。
17 ひな鳥がスダつ時期になった。
18 反乱をクワダてた一味が捕まった。
19 幾つものカタガきをもっている。
20 沖合にクジラの群れが見える。

▼解答は別冊26・27ページ

試験問題 付録（準2級）

(一) 次の――線の**漢字の読み**を**ひらがな**で記せ。 (30) 1×30

1 摩滅したタイヤを取り換える。
2 会社から退職を勧奨された。
3 天下に覇を唱える。
4 時の移るのも忘れて思索にふける。
5 眺望の素晴らしい山荘に泊まる。
6 幽囚の身となって十年が過ぎた。
7 英国の首相が国賓として来日した。
8 逆境にめげず初志を貫徹した。
9 ミジンコは甲殻類に属する。
10 西洋の古典の抄訳を読む。
11 日々の暮らしに困窮していた。
12 囲碁の力量では彼に一日の長がある。
13 非行を繰り返した少年を説諭する。
14 救国の英雄として崇拝される。

(二) 次の漢字の**部首**を記せ。 (10) 1×10

〈例〉 菜［艹］ 間［門］

1 癒　2 衡　3 匠　4 斉　5 吏

6 幣　7 爵　8 款　9 準　10 釈

(三) **熟語の構成**のしかたには次のようなものがある。 (20) 2×10

ア 同じような意味の漢字を重ねたもの　（**岩石**）
イ 反対または対応の意味を表す字を重ねたもの　（**高低**）

(四) 次の**四字熟語**について、**問1**と**問2**に答えよ。 (30)

問1 後の［　］内のひらがなを**漢字**にして［1］～［10］に入れ、**四字熟語**を完成せよ。［　］内のひらがなは一度だけ使い、**答案用紙に一字記入**せよ。 (20) 2×10

ア 人［1］未踏
イ 百戦錬［2］
ウ 旧態［3］然
エ 信賞必［4］
オ 外［5］内剛
カ 七転八［6］
キ 悠悠自［7］
ク 孤城［8］日
ケ 公平無［9］
コ 器用貧［10］

15 喜びが沸々とわいてきた。
16 伯父くらい謹厳な人を他に知らない。
17 脱税の嫌疑をかけられる。
18 長々と駄弁を聞かされ閉口した。
19 一切粉飾を交えないで叙述する。
20 書斎にこもって執筆に専念する。
21 古墳の周りに堀を巡らせてある。
22 うろ覚えの童うたを口ずさむ。
23 腰を据えて課題に取り組む。
24 手折った花を髪に挿す。
25 ライオンが雄々しい姿を見せた。
26 大木の洞に野鳥が巣くっている。
27 限られた予算で会の運営を賄う。
28 面白い話を耳にした。
29 偏った考えを修正する。
30 技の上達した弟子を褒める。

ウ 上の字が下の字を修飾しているもの（**洋画**）
エ 下の字が上の字の目的語・補語になっているもの（**着席**）
オ 上の字が下の字の意味を打ち消しているもの（**非常**）

次の熟語は右の**ア～オ**のどれにあたるか、**一つ**選び、**記号にマーク**せよ。

1 打撲
2 併記
3 不肖
4 早晩
5 広漠

6 出廷
7 邪推
8 慶弔
9 鎮魂
10 墨汁

い・し・じゅう・せき
てき・とう・ばつ・ぼう
ま・らく

問2 次の11～15の**意味**にあてはまるものを**問1**の**ア～コの四字熟語**から**一つ**選び、**記号にマーク**せよ。 **(10)** 2×5

11 見かけによらず心の中はしっかりしていること。
12 以前と比べて変化が見られない。
13 激しい苦痛にのたうつさま。
14 かつての勢いを失い助けもなく心細いさま。
15 世事に煩わされずゆったりとすごすこと。

(五) 次の1〜5の**対義語**、6〜10の**類義語**を後の□の中から選び、**漢字**で記せ。□の中の語は一度だけ使うこと。 (20) 2×10

対義語

1 逸材
2 高慢
3 理論
4 油断
5 疎遠

類義語

6 降格
7 横領
8 隆盛
9 屈指
10 削除

けいかい・けんきょ・させん
じっせん・しんみつ・ちゃくふく
ばつぐん・はんえい・ぼんさい
まっしょう

(七) 次の各文にまちがって使われている**同じ読みの漢字**が**一字**ある。**上に誤字**を、**下に正しい漢字**を記せ。 (10) 2×5

1 日本の近代化に寄預した外国人の多く眠る墓地が資金難で荒廃している。
2 無農薬栽倍の原料で無添加にこだわって製造されたせっけんが好評だ。
3 登山靴は底部の頑丈さと足が受ける衝激を緩和する機能が求められる。
4 犯人が振り込め詐欺に使った口座を銀行が凍決して被害拡大を阻止した。
5 人体に無害な光を当ててがん細胞を破壊する治療法が臨症試験に入った。

(八) 次の——線の**カタカナ**を**漢字一字**と**送りがな**(**ひらがな**)に直せ。 (10) 2×5

〈例〉 問題に**コタエル**。 答える

6 特例として**カンダイ**な処置をとる。
7 現在の状況を正確に**ブンセキ**する。
8 恩師の言葉を肝に**メイ**ずる。
9 紳士**シュクジョ**が観覧席を埋める。
10 **ヨクソウ**にたっぷりと湯を張る。
11 **コンブ**のだしで吸い物を作る。
12 車両の整備が**カンリョウ**した。
13 植物の根を**ケンビキョウ**で見る。
14 ゴールに向かって**トッシン**した。
15 企業の不正を**キュウダン**する。

(六) 次の――線のカタカナを漢字に直せ。 (20) 2×10

1 緊パクした空気に包まれる。
2 船パクがしきりに航行する。

3 新製品が発売され株価が急トウした。
4 水トウに麦茶を入れる。

5 熱キョウした観衆が総立ちになった。
6 少年時代へのキョウ愁に駆られる。

7 セン水艇で深海を調査する。
8 初出場校がセン風を巻き起こした。

9 アマやかされて育った。
10 試合までアマすところ一週間だ。

1 魚を焦がして台所がクサクなった。
2 地道に努力して成績をノバシた。
3 人口が流出して町がサビレル。
4 かんでフクメルように教える。
5 作品にサワラないでください。

(九) 次の――線のカタカナを漢字に直せ。 (50) 2×25

1 文中ではロコツな表現を避ける。
2 娯楽施設の建設許可をシンセイする。
3 財産を全てボッシュウされた。
4 友人からの手紙をカイフウする。
5 大恩ある故人のソウシキに列席する。

16 コンジャクの感に堪えない。
17 げたをハいて散歩に出かける。
18 不意をつかれてアワてた。
19 蚕のマユから糸をつむぐ。
20 ささいなことを気にヤむ。
21 サトイモを軟らかく煮る。
22 荷物をアミダナに上げた。
23 カタハバの広いたくましい男性だ。
24 忘れ物に気付いて家にモドる。
25 アズキを詰めてお手玉を作る。

▼解答は別冊28・29ページ

準2級

漢検

日本漢字能力検定　答案用紙

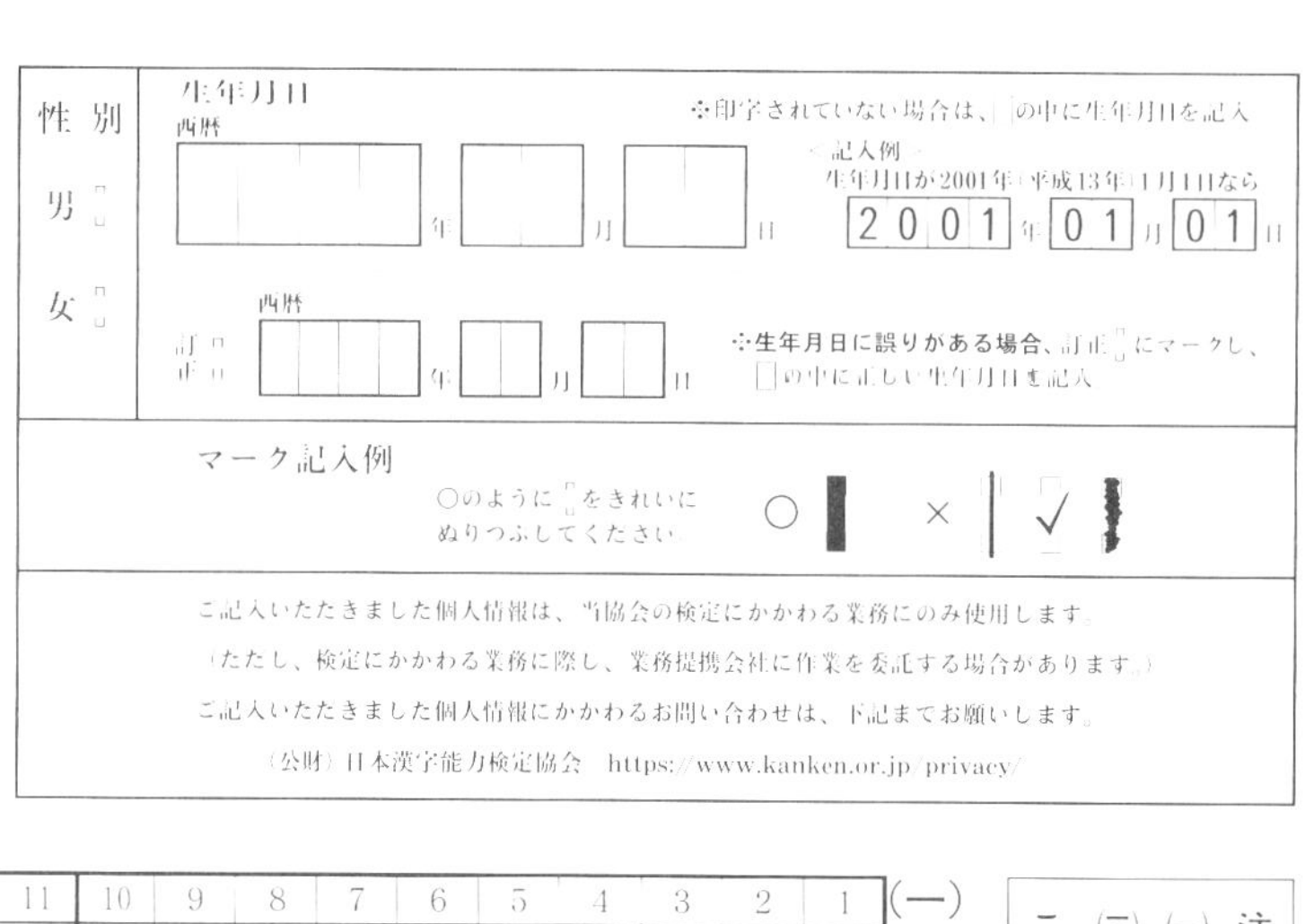
性別　男　女

生年月日　西暦　年　月　日

※印字されていない場合は、□の中に生年月日を記入

〈記入例〉

生年月日が2001年（平成13年）1月1日なら

2001年01月01日

訂正　西暦　年　月　日

※生年月日に誤りがある場合、訂正□にマークし、□の中に正しい生年月日を記入

マーク記入例

○のように□をきれいにぬりつぶしてください

○　×

ご記入いただきました個人情報は、当協会の検定にかかわる業務にのみ使用します。

（ただし、検定にかかわる業務に際し、業務提携会社に作業を委託する場合があります。）

ご記入いただきました個人情報にかかわるお問い合わせは、下記までお願いします。

（公財）日本漢字能力検定協会　https://www.kanken.or.jp/privacy/

注意点がうらにありますので、よく読んでから解答してください。

（一）・（二）・（四）問1・（五）〜（九）は記述式、（三）・（四）問2はマークシート方式です。

（三）・（四）問2の答えは該当する□に１つだけマークしてください。

この用紙をおりまげたり、よごしたりしないでください。

（一）読み（30）

1	2	3	4	5	6	7	8	9	10	11

1×30

（二）部首（10）

1	2	3	4	5	6	7

1×10

（四）四字熟語　問1　書き取り（30）

1	2	3	4	5	6	7

2×10

〈悪い例〉

※〈良い例〉のように□をきれいにぬりつぶしてください。

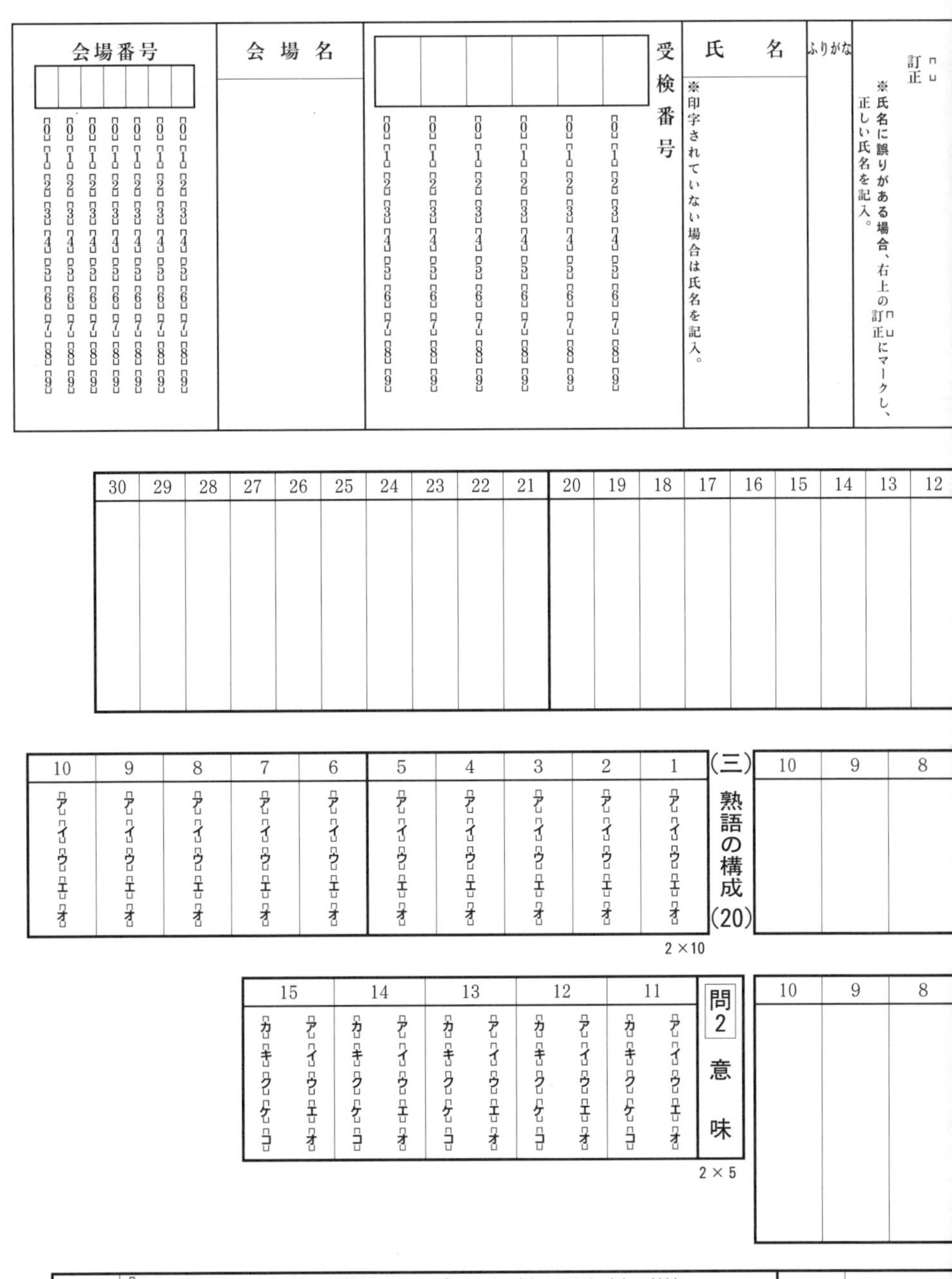

会場番号

会場名

受検番号

氏名

※印字されていない場合は氏名を記入。

ふりがな

訂正

※氏名に誤りがある場合、右上の訂正にマークし、正しい氏名を記入。

(三) 熟語の構成 (20)

2 ×10

問2 意味

2 × 5

マーク記入方法	の上から下までＨＢ・Ｂ・２Ｂの鉛筆またはシャープペンシルできれいにぬりつぶしてください。 間違ってマークしたものは鉛筆の黒いあとが残らないように消しゴムできれいに消してください。	マーク記入例	アが正解	〈良い例〉
マーク記入注意	次のような解答は機械が正しく読み取らず、無効となりますのでご注意ください。 ボールペンでのマーク・うすいマーク・からはみ出ているマーク・を２つ以上ぬりつぶしているマーク			

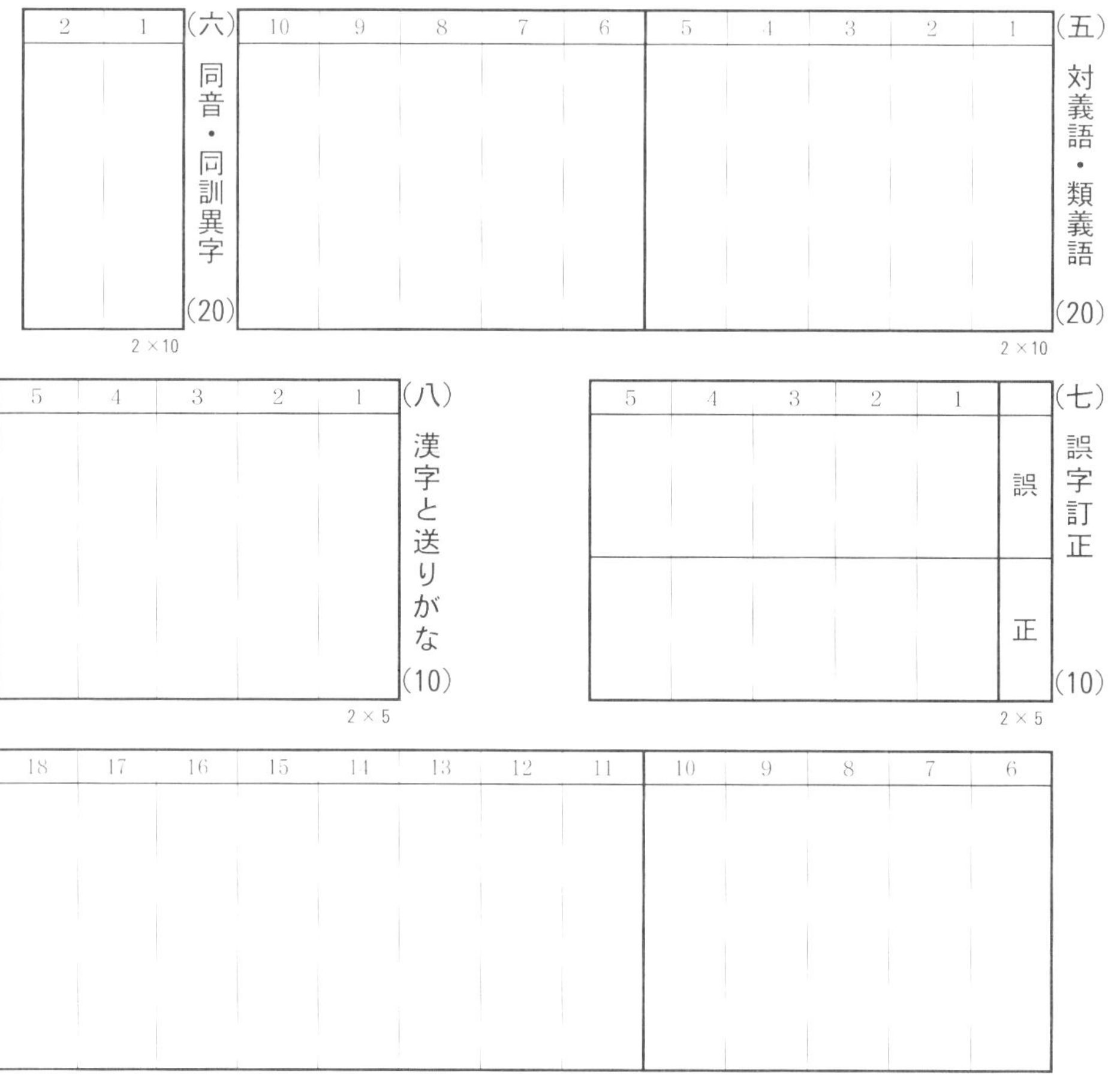

しないでください。答えが書けなくても必ず提出してください。

誤答となることがありますので、ご注意ください。

10	9	8	7	6	5	4	3

〔注 意 点〕

① 答えはすべてこの用紙に書きなさい。

② あいずがあるまで、はじめてはいけません。(時間は60分です。)

③ 問題についての説明はありませんので、問題をよく読んでから答えを書きなさい。

④ 答えは、HB・B・2Bの鉛筆またはシャープペンシルで書きなさい。(**ボールペンや万年筆等は使用しないこと**)

⑤ 答えは、**楷書**(かい)でわく内いっぱいに**大きくはっきり**書きなさい。

とくに漢字の**書き取り問題**では**はねるところ・とめるところ**など、はっきり書きなさい。

行書体や草書体のようにくずした字や、乱雑な字は**検定の対象**にはなりません。

〈続けて書いてはいけないところ〉

例 °糸−ˣ糸・°灬−ˣ灬・°口−ˣ口

(九) 書き取り (50)

5	4	3	2	1

(下へつづく)

2×25

25	24	23	22	21	20	19

これより下は記入しないこと。

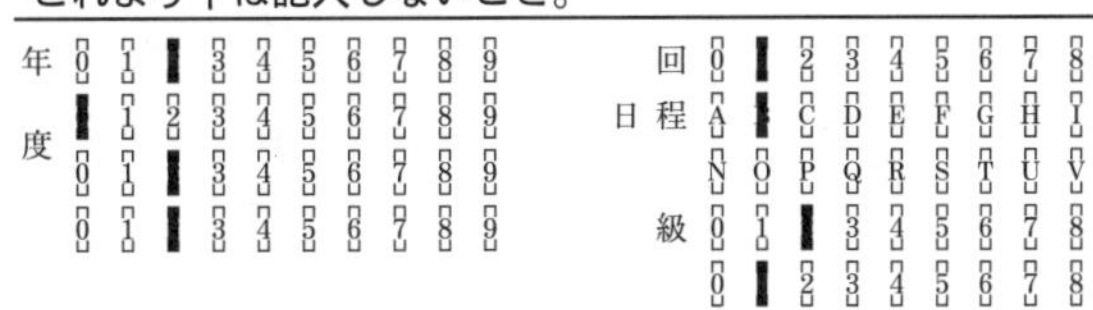

△合否その他に関する問い合わせにはいっさい応じられません。

(公財)日本漢字能力検定協会

〔不 許 複 製〕

この用紙はおりまげたり、よごしたり

乱雑な字や、うすくて読みにくい字は

常用漢字表 付表（熟字訓・当て字など）

＊小・中・高：小学校・中学校・高等学校のどの時点で学習するかの割り振りを示した。
※以下に挙げられている語を構成要素の一部とする熟語に用いてもかまわない。
例「河岸（かし）」→「魚河岸（うおがし）」／「居士（こじ）」→「一言居士（いちげんこじ）」

付表1

語	読み	小	中	高
明日	あす	●		
小豆	あずき		●	
海女・海士	あま			●
硫黄	いおう		●	
意気地	いくじ		●	
田舎	いなか		●	
息吹	いぶき			●
海原	うなばら		●	
乳母	うば		●	
浮気	うわき			●
浮つく	うわつく		●	
笑顔	えがお		●	
叔父・伯父	おじ		●	
大人	おとな	●		
乙女	おとめ		●	
叔母・伯母	おば		●	
お巡りさん	おまわりさん		●	
お神酒	おみき			●
母屋・母家	おもや			●
母さん	かあさん	●		
神楽	かぐら			●
河岸	かし			●
鍛冶	かじ		●	
風邪	かぜ		●	
固唾	かたず		●	
仮名	かな		●	
蚊帳	かや			●
為替	かわせ		●	
河原・川原	かわら	●		
昨日	きのう	●		
今日	きょう	●		
果物	くだもの	●		
玄人	くろうと			●
今朝	けさ	●		
景色	けしき	●		
心地	ここち		●	

語	読み	小	中	高
居士	こじ			●
今年	ことし	●		
早乙女	さおとめ		●	
雑魚	ざこ			●
桟敷	さじき			●
差し支える	さしつかえる		●	
五月	さつき		●	
早苗	さなえ		●	
五月雨	さみだれ		●	
時雨	しぐれ		●	
尻尾	しっぽ		●	
竹刀	しない		●	
老舗	しにせ		●	
芝生	しばふ		●	
清水	しみず	●		
三味線	しゃみせん		●	
砂利	じゃり		●	

語	読み	小	中	高
数珠	じゅず			●
上手	じょうず	●		
白髪	しらが		●	
素人	しろうと			●
師走	しわす（しはす）			●
数寄屋・数奇屋	すきや			●
相撲	すもう		●	
草履	ぞうり		●	
山車	だし			●
太刀	たち		●	
立ち退く	たちのく		●	
七夕	たなばた	●		
足袋	たび		●	
稚児	ちご			●
一日	ついたち	●		
築山	つきやま			●
梅雨	つゆ		●	

語	読み	小	中	高
凸凹	でこぼこ		●	
手伝う	てつだう	●		
伝馬船	てんません			●
投網	とあみ			●
父さん	とうさん	●		
十重二十重	とえはたえ			●
読経	どきょう			●
時計	とけい	●		
友達	ともだち	●		
仲人	なこうど			●
名残	なごり		●	
雪崩	なだれ		●	
兄さん	にいさん	●		
姉さん	ねえさん	●		
野良	のら			●
祝詞	のりと			●
博士	はかせ	●		

付表2

語	読み	小	中	高
二十・二十歳	はたち		●	
二十日	はつか	●		
波止場	はとば		●	
一人	ひとり	●		
日和	ひより		●	
二人	ふたり	●		
二日	ふつか	●		
吹雪	ふぶき		●	
下手	へた	●		
部屋	へや	●		
迷子	まいご	●		
真面目	まじめ	●		
真っ赤	まっか	●		
真っ青	まっさお	●		
土産	みやげ		●	
息子	むすこ		●	
眼鏡	めがね	●		

語	読み	小	中	高
猛者	もさ			●
紅葉	もみじ		●	
木綿	もめん		●	
最寄り	もより		●	
八百長	やおちょう			●
八百屋	やおや	●		
大和	やまと		●	
弥生	やよい		●	
浴衣	ゆかた			●
行方	ゆくえ		●	
寄席	よせ			●
若人	わこうど		●	

語	読み	小	中	高
愛媛	えひめ	●		
茨城	いばらき	●		
岐阜	ぎふ	●		
鹿児島	かごしま	●		
滋賀	しが	●		
宮城	みやぎ	●		
神奈川	かながわ	●		
鳥取	とっとり	●		
大阪	おおさか	●		
富山	とやま	●		
大分	おおいた	●		
奈良	なら	●		

都道府県名

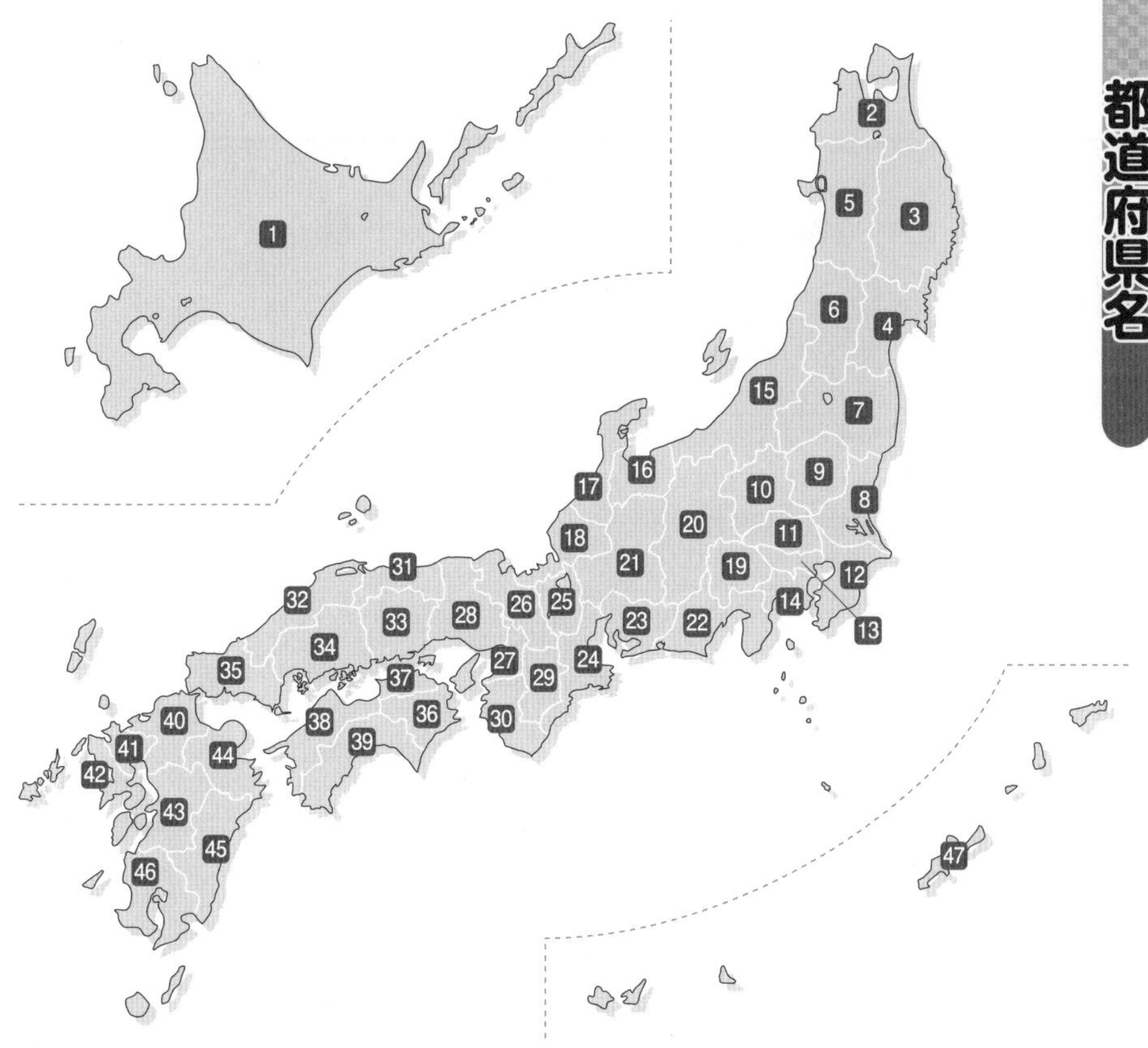

番号	都道府県名
1	北海道（ほっかいどう）
2	青森県（あおもりけん）
3	岩手県（いわて）
4	宮城県（みやぎ）
5	秋田県（あきた）
6	山形県（やまがた）
7	福島県（ふくしま）
8	茨城県（いばらき）
9	栃木県（とちぎ）
10	群馬県（ぐんま）
11	埼玉県（さいたま）
12	千葉県（ちば）
13	東京都（とうきょうと）
14	神奈川県（かながわ）
15	新潟県（にいがた）
16	富山県（とやま）
17	石川県（いしかわ）
18	福井県（ふくい）
19	山梨県（やまなし）
20	長野県（ながの）
21	岐阜県（ぎふ）
22	静岡県（しずおか）
23	愛知県（あいち）
24	三重県（みえ）
25	滋賀県（しが）
26	京都府（きょうとふ）
27	大阪府（おおさか）
28	兵庫県（ひょうご）
29	奈良県（なら）
30	和歌山県（わかやま）
31	鳥取県（とっとり）
32	島根県（しまね）
33	岡山県（おかやま）
34	広島県（ひろしま）
35	山口県（やまぐち）
36	徳島県（とくしま）
37	香川県（かがわ）
38	愛媛県（えひめ）
39	高知県（こうち）
40	福岡県（ふくおか）
41	佐賀県（さが）
42	長崎県（ながさき）
43	熊本県（くまもと）
44	大分県（おおいた）
45	宮崎県（みやざき）
46	鹿児島県（かごしま）
47	沖縄県（おきなわ）

●本書に関するアンケート●

今後の出版事業に役立てたいと思いますので、アンケートにご協力ください。抽選で粗品をお送りします。

◆PC・スマートフォンの場合

下記URL、または二次元コードから回答画面に進み、画面の指示に従ってお答えください。

https://www.kanken.or.jp/kanken/textbook/past.html

◆愛読者カード（ハガキ）の場合

本書挟(はさ)み込みのハガキに切手を貼(は)り、お送りください。

漢検 3級 過去問題集

2024年6月30日　第1版第2刷　発行

編　者　公益財団法人 日本漢字能力検定協会

発行者　山崎　信夫

印刷所　大日本印刷株式会社

発行所　公益財団法人　日本漢字能力検定協会

〒605-0074 京都市東山区祇園町南側551番地

☎(075)757-8600

ホームページhttps://www.kanken.or.jp/

ISBN978-4-89096-490-1 C0081

乱丁・落丁本はお取り替えいたします。

公益財団法人 日本漢字能力検定協会

漢検

漢検 過去問題集 3級

標準解答

目次

別冊

本体からはなしてお使いください。

漢検 公益財団法人 日本漢字能力検定協会

700490 (1-2)

3級 試験問題 1 標準解答【本冊16～19ページ】

(一) 読み (30) 1×30

1	2	3	4	5	6	7	8	9	10	11	12	13	14	15	16	17
わんない	へいおん	えんたい	ふくめん	きゅうりょう	びこう	せんにゅう	とふ	じょうちゅう	がだん	しゅりょう	かかん	ほうごう	ぎょうこ	ことう	とうき	きえん

(二) 同音・同訓異字 (30) 2×15

合格者平均得点 27.8/30

1	2	3	4	5	6	7	8	9	10	11	12	13	14	15
エ 鬼	イ 軌	ア 騎	ア 招	ウ 鐘	エ 衝	イ 謀	オ 膨	エ 某	エ 郭	ア 穫	ウ 隔	オ 裂	ウ 覚	イ 提

(四) 熟語の構成 (20) 2×10

合格者平均得点 15.4/20

1	2	3	4	5	6	7	8	9	10
ウ	エ	ア	イ	エ	ア	ウ	ア	オ	イ

(六) 対義語・類義語 (20) 2×10

合格者平均得点 14.8/20

1	2	3	4	5	6	7	8	9	10
雑	静	没	節	都	富	虚	績	辛	治

(八) 四字熟語 (20) 2×10

合格者平均得点 14.0/20

1	2	3	4	5	6	7	8	9	10
古今	理路	無味	破顔	直情	乱舞	一貫	錯誤	絶後	来歴

(十) 書き取り (40) 2×20

1	2	3	4	5	6	7	8	9	10	11	12
王冠	敬遠	効率	伸縮	封	稚魚	脱出	熱烈	甲乙	基礎	交換	書籍

30	29	28	27	26	25	24	23	22	21	20	19	18
ほ	おど	またぎ	し	さむらい	あや	いこ	と	は	ぶあい	きつえん	よくせい	いこん

合格者平均得点 26.8/30

(三) 漢字識別 (1…

5	4	3	2	1
カ 概	オ 鶏	イ 尿	キ 匿	コ 卓

2×5

合格者平均得点 9.0/10

(五) 部首 (10

10	9	8	7	6	5	4	3	2	1
イ 攵	ア 金	エ 辶	イ 厂	ウ 車	ア 麦	ウ 小	エ 雨	ア 鬼	エ 宀

1×10

合格者平均得点 7.9/10

(七) 漢字と送りがな (10

5	4	3	2	1
設ける	削る	壊れ	勇ましく	繕う

2×5

合格者平均得点 6.2/10

(九) 誤字訂正 (10

	5	4	3	2	1
誤	期	近	所	準	集
正	揮	緊	処	順	衆

2×5

合格者平均得点 7.1/10

20	19	18	17	16	15	14	13
澄	惜	首筋	鯨	著	滑	畳	揚

合格者平均得点 30.9/40

学習日　月　日

／200

3級 試験問題 2 標準解答【本冊20〜23ページ】

(一) 読み (30) 1×30

1	2	3	4	5	6	7	8	9	10	11	12	13	14	15	16	17
こうよう	いんぼう	ひょうはく	かんとう	しっく	ぞうすい	りょうし	じょうまん	けつぼう	こうそく	けいちょう	そうぎ	こんたん	しゅくえん	しんびがん	なっとう	きょうぐう

(二) 同音・同訓異字 (30) 2×15

合格者平均得点 27.5/30

1	2	3	4	5	6	7	8	9	10	11	12	13	14	15
ウ	エ	イ	オ	イ	エ	オ	ア	ウ	エ	イ	ア	オ	イ	ア
択	託	卓	範	畔	帆	斗	塗	吐	鎮	陳	賃	埋	請	討

(四) 熟語の構成 (20) 2×10

合格者平均得点 15.4/20

1	2	3	4	5	6	7	8	9	10
イ	ウ	エ	イ	ウ	ア	ウ	オ	エ	ア

(六) 対義語・類義語 (20) 2×10

合格者平均得点 15.0/20

1	2	3	4	5	6	7	8	9	10
虚	略	濃	都	待	横	余	遺	危	邪

(八) 四字熟語 (20) 2×10

合格者平均得点 14.0/20

1	2	3	4	5	6	7	8	9	10
前人	驚天	四分	公私	明朗	自在	集散	激励	両得	無双

(十) 書き取り (40) 2×20

1	2	3	4	5	6	7	8	9	10	11	12
欧米	浸水	幼稚	窒息	盗難	疑惑	模倣	帝王	日没	終了	繁華街	架空

18	19	20	21	22	23	24	25	26	27	28	29	30
ようしゃ	ふずい	きろ	うら	した	ほ	いこ	おど	あさせ	またぎ	よ	きわ	たび

合格者平均得点 27.4/30

(三) 漢字識別 (10)

1	2	3	4	5
ウ 偶	ケ 慈	キ 舗	イ 伏	ク 貫

2×5

合格者平均得点 8.4/10

(五) 部首 (10)

1	2	3	4	5	6	7	8	9	10
ア 力	イ 行	ウ 目	ア 立	イ 彡	エ 扌	ウ 耂	ウ 八	エ 木	イ 戸

1×10

合格者平均得点 8.2/10

(七) 漢字と送りがな (10)

1	2	3	4	5
輝かしい	妨げる	逆らっ	潤す	結わえ

2×5

合格者平均得点 6.1/10

(九) 誤字訂正 (10)

	1	2	3	4	5
誤	健	軒	般	助	制
正	建	件	版	序	整

2×5

合格者平均得点 7.2/10

13	14	15	16	17	18	19	20
手探	崩	擦	輪切	描	誠	揺	最寄

合格者平均得点 30.3/40

学習日 月 日

/200

一 読み (30) 1×30

1	2	3	4	5	6	7	8	9	10	11	12	13	14	15	16	17
さんがく	こはん	ちゅうしょう	ちんじょう	ほうこう	ちょうか	じゃま	しょくたく	かび	ゆうげん	けっぺき	かんわ	じすい	けいらん	けつじょ	つうこん	へいおん

二 同音・同訓異字 (30) 2×15

1	2	3	4	5	6	7	8	9	10	11	12	13	14	15
イ	ウ	ア	ウ	オ	ア	エ	オ	イ	ア	オ	エ	ウ	ア	イ
得	篤	匿	興	峡	脅	冗	錠	丈	顧	弧	孤	増	噴	伏

合格者平均得点 26.9 / 30

四 熟語の構成 (20) 2×10

1	2	3	4	5	6	7	8	9	10
オ	イ	エ	イ	ウ	エ	イ	ア	ウ	ア

合格者平均得点 15.4 / 20

六 対義語・類義語 (20) 2×10

1	2	3	4	5	6	7	8	9	10
潤	制	独	裂	追	収	辛	免	算	頭

合格者平均得点 14.7 / 20

八 四字熟語 (20) 2×10

1	2	3	4	5	6	7	8	9	10
気炎	大器	電光	品行	一喜	転倒	怪奇	無量	不断	伝心

合格者平均得点 14.1 / 20

十 書き取り (40) 2×20

1	2	3	4	5	6	7	8	9	10	11	12
基礎	聴力	一滴	漂流	野蛮	更新	果敢	援護	娯楽	貧乏	変換	佳作

30	29	28	27	26	25	24	23	22	21	20	19	18
とどこお	ゆえ	のぼ	あさせ	す	なぐさ	あら	すで	はたあ	すこ	えいたん	ぐもん	ゆうわく

合格者平均得点 27.5/30

(三) 漢字識別 (10) 2×5

5	4	3	2	1
ウ 錯	エ 宴	イ 刑	キ 焦	カ 概

合格者平均得点 8.8/10

(五) 部首 (10) 1×10

10	9	8	7	6	5	4	3	2	1
エ 虍	イ 冫	エ 行	ウ 小	ア 頁	ア 日	ウ 言	ア 几	ウ 寸	イ 牛

合格者平均得点 8.3/10

(七) 漢字と送りがな (10) 2×5

5	4	3	2	1
企て	連なっ	与える	憎らしい	備える

合格者平均得点 7.5/10

(九) 誤字訂正 (10) 2×5

5	4	3	2	1	
付	範	接	従	注	誤
負	繁	切	重	忠	正

合格者平均得点 7.3/10

20	19	18	17	16	15	14	13
巣立	背筋	哀	経	耕	肩	冠	素潜

合格者平均得点 30.9/40

学習日 月 日

／200

3級 試験問題 4 標準解答【本冊28～31ページ】

(一) 読み (30)

1	2	3	4	5	6	7	8	9	10	11	12	13	14	15	16	17
とうけつ	たいまん	かくまく	くうきょ	ていけい	そまつ	ちたい	しだい	こうおつ	くったく	せいこう	きがい	かきょう	すうせき	ばっさい	じっけい	かいふう

1 × 30

(二) 同音・同訓異字 (30)

1	2	3	4	5	6	7	8	9	10	11	12	13	14	15
エ 静	オ 錠	ウ 冗	ウ 紺	イ 魂	エ 恨	ア 旨	イ 施	オ 諮	エ 準	イ 遵	ア 潤	ウ 弾	エ 干	ア 秘

2 × 15

合格者平均得点 26.9 / 30

(四) 熟語の構成 (20)

1	2	3	4	5	6	7	8	9	10
ア	オ	イ	ウ	イ	エ	ウ	イ	ア	エ

2 × 10

合格者平均得点 15.9 / 20

(六) 対義語・類義語 (20)

1	2	3	4	5	6	7	8	9	10
進	待	革	諾	必	余	発	危	勘	朗

2 × 10

合格者平均得点 15.0 / 20

(八) 四字熟語 (20)

1	2	3	4	5	6	7	8	9	10
喜怒	異口	起死	古今	深山	始終	投合	得失	飽食	択一

2 × 10

合格者平均得点 14.0 / 20

(十) 書き取り (40)

1	2	3	4	5	6	7	8	9	10	11	12
疾走	駐在	双眼鏡	車掌	幼稚	募集	雷雨	入籍	勇敢	凶	犠牲	花壇

2 × 20

18	19	20	21	22	23	24	25	26	27	28	29	30
きんかい	しつげん	きせいひん	どぎも	はげ	ほばしら	つなわた	あなう	ゆる	よこなぐ	おとろ	うれ	しばふ

合格者平均得点 26.7/30

(三) 漢字識別 (10) 2×5

1	2	3	4	5
コ	ウ	キ	オ	エ
仮	苗	惜	幻	赦

合格者平均得点 8.7/10

(五) 部首 (10) 1×10

1	2	3	4	5	6	7	8	9	10
ア	イ	ア	ウ	イ	ア	エ	エ	イ	ウ
氵	釒	彡	行	尸	⺌	欠	女	貝	癶

合格者平均得点 8.3/10

(七) 漢字と送りがな (10) 2×5

1	2	3	4	5
削る	誇らしく	嫁い	垂れる	基づく

合格者平均得点 7.3/10

(九) 誤字訂正 (10) 2×5

	1	2	3	4	5
誤	誤	戯	潜	係	果
正	娯	技	染	契	貨

合格者平均得点 7.0/10

13	14	15	16	17	18	19	20
切符	羊飼	手招	浸	娘	源	撮	近寄

合格者平均得点 30.4/40

3級 試験問題 5 標準解答【本冊32～35ページ】

(一) 読み (30) 1×30

1	2	3	4	5	6	7	8	9	10	11	12	13	14	15	16	17
わんない	しゅしょう	ゆうれい	ちっそく	かいこん	とうすい	かんつう	ようりつ	こうしき	ちじょく	ほんぽう	らがん	しっぷ	こうみょう	ばっすい	みわく	ろうすい

(二) 同音・同訓異字 (30) 2×15

合格者平均得点 26.7/30

1	2	3	4	5	6	7	8	9	10	11	12	13	14	15
エ 猟	イ 量	ウ 陵	ウ 封	エ 芳	オ 縫	イ 昇	ア 焦	ウ 笑	ア 番	ウ 盤	オ 蛮	エ 提	イ 差	ア 裂

(四) 熟語の構成 (20) 2×10

合格者平均得点 16.1/20

1	2	3	4	5	6	7	8	9	10
ウ	ア	イ	オ	エ	ウ	エ	ア	イ	エ

(六) 対義語・類義語 (20) 2×10

合格者平均得点 15.0/20

1	2	3	4	5	6	7	8	9	10
極	秘	健	潔	逮	許	双	切	望	我

(八) 四字熟語 (20) 2×10

合格者平均得点 13.6/20

1	2	3	4	5	6	7	8	9	10
用意	同床	試行	名実	冠婚	大敵	不落	三文	絶後	選択

(十) 書き取り (40) 2×20

1	2	3	4	5	6	7	8	9	10	11	12
飽和	阻止	免税	北斗	処刑	軸	令嬢	粘着	暖房	環境	菊	汚染

18	19	20	21	22	23	24	25	26	27	28	29	30
さいみん	よくよう	こ	した	くせ	し	おろしね	にわとり	ゆる	かえり	おろ	またぎ	ふぶき

合格者平均得点 27.0/30

(三) 漢字識別 (10) 2×5

1	2	3	4	5
ウ 滞	ア 邪	コ 譲	ケ 鎮	エ 虚

合格者平均得点 8.5/10

(五) 部首 (10) 1×10

1	2	3	4	5	6	7	8	9	10
ウ 辶	イ 飠	ウ 心	エ 耂	イ 戸	ア 口	イ 虍	ウ 足	ア 衣	エ 口

合格者平均得点 8.0/10

(七) 漢字と送りがな (10) 2×5

1	2	3	4	5
埋もれ	掲げる	群がっ	敬わ	悩ましい

合格者平均得点 6.9/10

(九) 誤字訂正 (10) 2×5

	1	2	3	4	5
誤	作	角	悦	律	徐
正	策	閣	越	率	除

合格者平均得点 7.0/10

13	14	15	16	17	18	19	20
片棒	授	塗	吐	刺	墓参	凝	強

合格者平均得点 31.2/40

学習日　月　日

／200

3級 試験問題 6 標準解答【本冊36～39ページ】

(一) 読み (30) 1×30

1	2	3	4	5	6	7	8	9	10	11	12	13	14	15	16	17
よくせい	めんぜい	とうだん	がいさん	こつずい	しっつい	とつじょ	こうおつ	せんぷく	びこう	こはん	ひくつ	ちゅうぞう	ぎせい	ちょうえつ	とくめい	こうちょく

(二) 同音・同訓異字 (30) 2×15

合格者平均得点 27.4/30

1	2	3	4	5	6	7	8	9	10	11	12	13	14	15
エ	オ	ウ	オ	イ	エ	イ	ア	ウ	ウ	エ	ア	オ	ア	ウ
墓	募	慕	陵	領	猟	伸	辛	審	勘	敢	貫	敷	締	占

(四) 熟語の構成 (20) 2×10

合格者平均得点 15.6/20

1	2	3	4	5	6	7	8	9	10
イ	エ	オ	ウ	ア	イ	エ	ウ	ア	エ

(六) 対義語・類義語 (20) 2×10

合格者平均得点 14.6/20

1	2	3	4	5	6	7	8	9	10
極	護	愚	静	復	吉	特	放	持	導

(八) 四字熟語 (20) 2×10

合格者平均得点 14.1/20

1	2	3	4	5	6	7	8	9	10
創意	心機	単純	深山	鯨飲	天外	貧乏	三脚	雨読	落着

(十) 書き取り (40) 2×20

1	2	3	4	5	6	7	8	9	10	11	12
交換	怪談	際限	柔道	欧米	悲哀	炎上	北斗	清掃	承諾	削除	覚悟

18	19	20	21	22	23	24	25	26	27	28	29	30
ていたい	だっかい	こうえつ	くわ	き	のぼ	ゆる	ふく	きぼ	かたまり	も	ゆ	くわだ

合格者平均得点 28.0/30

(三) 漢字識別 (10) 2×5

1	2	3	4	5
エ 慰	キ 凍	ケ 滅	イ 埋	ウ 没

合格者平均得点 8.8/10

(五) 部首 (10) 1×10

1	2	3	4	5	6	7	8	9	10
ウ 戸	エ 亻	イ 示	ウ 口	イ 隶	エ 耂	ア 穴	エ 扌	ア 旡	ウ 心

合格者平均得点 8.3/10

(七) 漢字と送りがな (10) 2×5

1	2	3	4	5
隔てる	済まさ	恐ろしい	率い	励ま

合格者平均得点 7.0/10

(九) 誤字訂正 (10) 2×5

	1	2	3	4	5
誤	知	全	微	英	最
正	治	善	備	栄	細

合格者平均得点 7.0/10

13	14	15	16	17	18	19	20
咲	故	勇	授	縫	袋	祈	暦

合格者平均得点 30.8/40

学習日 月 日

/200

3級 試験問題 7 標準解答【本冊40～43ページ】

(一) 読み (30)

1	2	3	4	5	6	7	8	9	10	11	12	13	14	15	16	17
りゅうき	はめつ	とうすい	かきょう	かいだく	きょうえつ	れいとう	たいざい	そうぎ	がろう	いもん	こつずい	さくご	じょうちゅう	あいがん	しょうてん	げんかく

1×30

(二) 同音・同訓異字 (30)

1	2	3	4	5	6	7	8	9	10	11	12	13	14	15
ウ 淡	ア 反	オ 鍛	エ 刻	イ 克	オ 黒	オ 阻	イ 措	エ 礎	ウ 擁	エ 揚	ア 揺	イ 生	ウ 負	ア 惜

2×15

合格者平均得点 27.7/30

(四) 熟語の構成 (20)

1	2	3	4	5	6	7	8	9	10
ウ	エ	ア	イ	ア	オ	エ	ウ	エ	イ

2×10

合格者平均得点 15.9/20

(六) 対義語・類義語 (20)

1	2	3	4	5	6	7	8	9	10
費	協	進	了	易	回	図	陳	禁	切

2×10

合格者平均得点 15.7/20

(八) 四字熟語 (20)

1	2	3	4	5	6	7	8	9	10
生殺	力戦	自暴	一刀	雲散	無双	千万	暗鬼	辛苦	知新

2×10

合格者平均得点 14.9/20

(十) 書き取り (40)

1	2	3	4	5	6	7	8	9	10	11	12
賛同	拍手	邪悪	免許	維持	細胞	賢明	伸縮	崩落	声援	卑屈	令嬢

2×20

18	19	20	21	22	23	24	25	26	27	28	29	30
ごらく	ふんぼ	えいが	さそ	ぬ	さと	あ	はた	とぼ	あわ	と	きわ	えがお

合格者平均得点 26.9 / 30

(三) 漢字識別 (10) 2×5

1	2	3	4	5
コ 傍	ウ 穏	ケ 鎮	カ 疾	ア 潤

合格者平均得点 9.2 / 10

(五) 部首 (10) 1×10

1	2	3	4	5	6	7	8	9	10
エ 阝	ア 宀	イ 戸	ア 扌	イ 攵	ウ 隹	エ 辶	イ 車	エ 艹	ウ 貝

合格者平均得点 8.2 / 10

(七) 漢字と送りがな (10) 2×5

1	2	3	4	5
伏せる	含む	巧みな	改める	省い

合格者平均得点 6.9 / 10

(九) 誤字訂正 (10) 2×5

	1	2	3	4	5
誤	仮	老	際	尊	修
正	可	労	採	損	就

合格者平均得点 6.5 / 10

13	14	15	16	17	18	19	20
豚肉	帆	珍	値打	説	炊	憎	群

合格者平均得点 30.9 / 40

学習日 月 日

/200

3級 試験問題 8 標準解答【本冊44〜47ページ】

(一) 読み (30) 1×30

1	2	3	4	5	6	7	8	9	10	11	12	13	14	15	16	17
ちぎょ	かんげん	つうこん	ないふん	きょうぐう	えんせき	きょうい	てんぷく	ほんぽう	たくじ	たんれん	さいそく	ようこう	かいだん	きんかい	へんてつ	きょえいしん

(二) 同音・同訓異字 (30) 2×15

合格者平均得点 27.7 / 30

1	2	3	4	5	6	7	8	9	10	11	12	13	14	15
ア 均	エ 緊	オ 斤	ウ 掌	ア 鐘	オ 昇	イ 穫	ウ 郭	ア 隔	エ 顧	オ 雇	イ 誇	イ 裂	エ 避	ウ 提

(四) 熟語の構成 (20) 2×10

合格者平均得点 16.0 / 20

1	2	3	4	5	6	7	8	9	10
ア	ウ	イ	エ	ア	オ	イ	ウ	イ	エ

(六) 対義語・類義語 (20) 2×10

合格者平均得点 15.6 / 20

1	2	3	4	5	6	7	8	9	10
簡	架	暴	協	束	辛	展	富	歴	切

(八) 四字熟語 (20) 2×10

合格者平均得点 12.5 / 20

1	2	3	4	5	6	7	8	9	10
順風	自画	千差	真剣	美辞	棒大	一憂	息災	欠乏	絶後

(十) 書き取り (40) 2×20

1	2	3	4	5	6	7	8	9	10	11	12
手錠	没頭	就寝	幽閉	完了	憲法	冷凍	屈辱	装置	巧妙	焦点	甲

30	29	28	27	26	25	24	23	22	21	20	19	18
こ	ゆ	はなよめ	おとろ	と	ふくろ	くわだ	なま	くわ	う	しょうどう	ちゅうしょう	そうだつ

合格者平均得点 27.4/30

(三) 漢字識別 (10) 2×5

5	4	3	2	1
ア 択	カ 免	オ 抑	ク 謀	イ 翻

合格者平均得点 9.1/10

(五) 部首 (10) 1×10

10	9	8	7	6	5	4	3	2	1
イ 十	エ 羽	ウ 尸	ア 鼻	ウ 儿	ウ 亻	ア ⺮	イ 礻	エ ⻌	イ ⻗

合格者平均得点 8.0/10

(七) 漢字と送りがな (10) 2×5

5	4	3	2	1
漏れる	携わっ	詳しい	報いる	照らし

合格者平均得点 6.7/10

(九) 誤字訂正 (10) 2×5

	5	4	3	2	1
誤	加	当	脳	支	杯
正	価	統	能	施	敗

合格者平均得点 7.0/10

20	19	18	17	16	15	14	13
幻	鯨	吹	押	漂	霧	苗木	気難

合格者平均得点 30.2/40

3級 試験問題 9 標準解答【本冊48～51ページ】

(一) 読み (30)

1×30

1	かいき
2	えつらん
3	しょうこう
4	ほうき
5	ぎゃくたい
6	りゅうせい
7	しっそう
8	らんどく
9	はっこう
10	ぶんだん
11	ぶんき
12	すうせき
13	じひ
14	さっかしょう
15	のうこん
16	さんらん
17	しんせい

(二) 同音・同訓異字 (30)

2×15

合格者平均得点 27.1 / 30

番号	記号	漢字
1	エ	廊
2	ウ	朗
3	イ	漏
4	オ	雄
5	エ	幽
6	ア	憂
7	イ	託
8	ア	卓
9	オ	沢
10	エ	奉
11	ウ	胞
12	ア	崩
13	ウ	伸
14	イ	述
15	オ	延

(四) 熟語の構成 (20)

2×10

合格者平均得点 17.2 / 20

1	エ
2	ア
3	ウ
4	エ
5	ア
6	イ
7	ア
8	オ
9	イ
10	ウ

(六) 対義語・類義語 (20)

2×10

合格者平均得点 16.0 / 20

1	順
2	創
3	接
4	惜
5	楽
6	誘
7	殺
8	圧
9	処
10	職

(八) 四字熟語 (20)

2×10

合格者平均得点 14.9 / 20

1	玉石
2	舌先
3	単純
4	一刀
5	名実
6	転倒
7	落胆
8	低迷
9	潔白
10	滅裂

(十) 書き取り (40)

2×20

1	結晶
2	総力
3	移籍
4	巧妙
5	皇帝
6	真剣
7	肝臓
8	錯覚
9	欠乏
10	港湾
11	日没
12	介護

合格者平均得点 27.2/30	30	29	28	27	26	25	24	23	22	21	20	19	18
	しばふ	あいともな	なぐ	ほ	ひ	まぼろし	つの	うるお	すで	きぼ	ほくおう	ちゅうぞう	きしゅ

(三 漢字識別 (10

合格者平均得点 8.8/10	5	4	3	2	1
	エ 錠	ケ 概	ア 了	キ 摂	オ 冠

2×5

(五 部首 (10

合格者平均得点 8.4/10	10	9	8	7	6	5	4	3	2	1
	ア 行	イ 士	エ 耂	ア 骨	ウ 匚	ア 山	エ 虍	ウ 土	エ 斗	イ 舛

1×10

(七 漢字と送りがな (10

合格者平均得点 7.2/10	5	4	3	2	1
	冷ます	背け	縛っ	膨れる	鋭く

2×5

(九 誤字訂正 (10

合格者平均得点 7.4/10	5	4	3	2	1	
	面	則	改	当	宣	誤
	綿	息	開	統	専	正

2×5

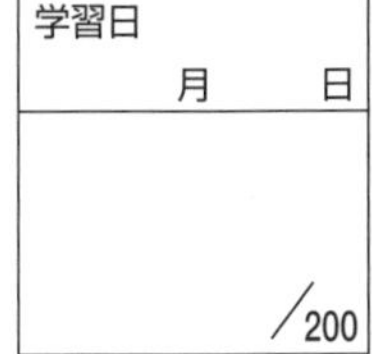

合格者平均得点 31.9/40	20	19	18	17	16	15	14	13
	古株	憎	骨身	扱	鬼	至	慌	野菊

3級 試験問題 10 標準解答【本冊52～55ページ】

(一) 読み (30) 1×30

1	2	3	4	5	6	7	8	9	10	11	12	13	14	15	16	17
じょうまん	ぎこう	しゅうぜん	とうすい	かんべん	けびょう	ばっすい	ほくおう	てんかん	だっかい	ほうのう	かんせん	たき	こ	ひげ	よくせい	はんそう

(二) 同音・同訓異字 (30) 2×15

合格者平均得点 26.4 / 30

1	2	3	4	5	6	7	8	9	10	11	12	13	14	15
ウ 訂	エ 抵	ア 締	ア 葬	エ 掃	イ 遭	オ 忌	ウ 棋	エ 揮	イ 紺	オ 困	ウ 恨	ア 刷	オ 巣	イ 擦

(四) 熟語の構成 (20) 2×10

合格者平均得点 14.9 / 20

1	2	3	4	5	6	7	8	9	10
エ	ウ	イ	エ	ア	イ	ア	イ	オ	ウ

(六) 対義語・類義語 (20) 2×10

合格者平均得点 15.4 / 20

1	2	3	4	5	6	7	8	9	10
特	哀	勤	弱	護	裁	参	往	列	諾

(八) 四字熟語 (20) 2×10

合格者平均得点 13.9 / 20

1	2	3	4	5	6	7	8	9	10
古今	天衣	四分	花鳥	臨機	自在	道断	万端	錯誤	一貫

(十) 書き取り (40) 2×20

1	2	3	4	5	6	7	8	9	10	11	12
凡人	緊張	胞子	翌日	浪費	点呼	駐車	証拠	削減	昇進	拍手	遅刻

18	19	20	21	22	23	24	25	26	27	28	29	30
たんか	きょしょく	かくご	ほのお	きそ	ここ	ただよ	にわとり	かえり	から	なえ	ともな	ゆず

合格者平均得点 26.9/30

(三) 漢字識別 (10) 2×5

1	2	3	4	5
ア 択	コ 債	オ 聴	カ 隔	キ 塗

合格者平均得点 8.6/10

(五) 部首 (10) 1×10

1	2	3	4	5	6	7	8	9	10
イ 忄	エ 尸	ア 穴	エ 巾	ウ 卩	イ 行	ア 灬	イ 八	ウ 月	ア ノ

合格者平均得点 8.4/10

(七) 漢字と送りがな (10) 2×5

1	2	3	4	5
耕す	埋もれ	輝かしい	蒸らし	鍛える

合格者平均得点 7.0/10

(九) 誤字訂正 (10) 2×5

	1	2	3	4	5
誤	提	貨	礼	動	助
正	程	荷	例	導	除

合格者平均得点 7.3/10

13	14	15	16	17	18	19	20
粗	穂	掛	浅瀬	著	保	焦	崩

合格者平均得点 31.3/40

学習日 月 日

/200

3級 試験問題 11 標準解答【本冊56～59ページ】

(一) 読み (30) 1×30

1	2	3	4	5	6	7	8	9	10	11	12	13	14	15	16	17
きょしょう	ことう	げんめつ	えいたん	がいはく	だつろう	ひょうはく	けいはつ	そし	さいそく	すいじゃく	がいさん	きんこう	ちゅうしょう	こうぼ	ほうめん	きょせい

(二) 同音・同訓異字 (30) 2×15

合格者平均得点 26.5 / 30

1	2	3	4	5	6	7	8	9	10	11	12	13	14	15
ウ 符	エ 赴	オ 賦	ア 陶	イ 凍	ウ 逃	エ 幕	オ 墓	ア 募	ア 冗	イ 譲	オ 錠	イ 遂	エ 研	ア 溶

(四) 熟語の構成 (20) 2×10

合格者平均得点 15.1 / 20

1	2	3	4	5	6	7	8	9	10
エ	エ	ウ	イ	エ	ア	ウ	オ	イ	ア

(六) 対義語・類義語 (20) 2×10

合格者平均得点 14.0 / 20

1	2	3	4	5	6	7	8	9	10
奮	速	従	匿	暗	籍	品	担	参	勉

(八) 四字熟語 (20) 2×10

合格者平均得点 13.5 / 20

1	2	3	4	5	6	7	8	9	10
独断	意気	失望	千客	大器	回生	垂範	錯誤	全霊	集散

(十) 書き取り (40) 2×20

1	2	3	4	5	6	7	8	9	10	11	12
安眠	倹約	犠牲	分裂	基礎	同伴	優秀	常駐	食卓	有効	斜面	彫刻

30	29	28	27	26	25	24	23	22	21	20	19	18
おど	たずさ	うら	にた	あ	く	かね	なま	きた	かたまり	だんぼう	ぎょうし	けいしゃ

合格者平均得点 27.8/30

(三) 漢字識別 (1…) 2×5

5	4	3	2	1
エ 掃	コ 隔	オ 蛮	ク 苗	ケ 掲

合格者平均得点 8.8/10

(五) 部首 (1…) 1×10

10	9	8	7	6	5	4	3	2	1
ウ 口	イ 行	ア 氵	イ 夂	ウ 殳	ア 舛	エ 宀	イ 衣	ア 虍	エ 戈

合格者平均得点 8.5/10

(七) 漢字と送りがな (1…) 2×5

5	4	3	2	1
飽きる	焦がさ	倒れ	著しく	構える

合格者平均得点 7.3/10

(九) 誤字訂正 (1…) 2×5

5	4	3	2	1	
激	寄	仕	延	操	誤
撃	規	飼	円	装	正

合格者平均得点 6.9/10

20	19	18	17	16	15	14	13
干上	埋	乳搾	桃	冠	退	指輪	憎

合格者平均得点 30.8/40

学習日 月 日

/200

3級 試験問題 12 標準解答【本冊60〜63ページ】

(一) 読み (30) 1×30

1	2	3	4	5	6	7	8	9	10	11	12	13	14	15	16	17
みりょう	そそう	えつらん	おんびん	さくぼう	けんやく	しゅしょう	さくげん	ちょうえつ	じゅんすい	しせつ	いろう	けいぼ	そち	めいぼ	とくじつ	かくう

(二) 同音・同訓異字 (30) 2×15

1	2	3	4	5	6	7	8	9	10	11	12	13	14	15
ウ 坑	イ 抗	オ 硬	オ 塗	イ 途	エ 斗	イ 双	エ 遭	ア 掃	イ 糧	ウ 陵	オ 領	ウ 飽	エ 明	ア 揚

(四) 熟語の構成 (20) 2×10

1	2	3	4	5	6	7	8	9	10
エ	イ	ウ	ア	イ	ア	オ	エ	ア	ウ

(六) 対義語・類義語 (20) 2×10

1	2	3	4	5	6	7	8	9	10
進	悲	落	縛	難	魔	勉	野	定	腕

(八) 四字熟語 (20) 2×10

1	2	3	4	5	6	7	8	9	10
不眠	電光	自暴	大胆	公私	天外	千秋	円熟	回生	貧乏

(十) 書き取り (40) 2×20

1	2	3	4	5	6	7	8	9	10	11	12
漂着	答弁	粘土	西欧	発酵	送迎	獲得	本望	点滅	内紛	卓球	開催

30	29	28	27	26	25	24	23	22	21	20	19	18
おさ	つくろ	くわ	あさせ	おお	ゆ	おろ	はた	も	お	れいほう	ふにん	しょうそう

(三) 漢字識別 (10)

5	4	3	2	1
カ 排	ウ 潤	コ 誘	オ 託	ク 錯

2×5

(五) 部首 (10)

10	9	8	7	6	5	4	3	2	1
エ 戸	ウ 貝	イ 欠	ア 土	ウ 厂	ア 艹	エ 口	エ 革	イ 辶	ウ 殳

1×10

(七) 漢字と送りがな (10)

5	4	3	2	1
掲げる	退く	含ん	速やかに	悟る

2×5

(九) 誤字訂正 (10)

5	4	3	2	1	
財	事	過	表	後	誤
済	持	加	評	護	正

2×5

学習日　月　日

／200

20	19	18	17	16	15	14	13
補	姫	扉	勢	吹	冠	疲	切符

3級 試験問題 13 標準解答【本冊64～67ページ】

(一) 読み (30) 1×30

1	2	3	4	5	6	7	8	9	10	11	12	13	14	15	16	17
きせき	せつじょく	けんそ	きょだつ	ようしゃ	しゅくえん	ひょうちゃく	いっきん	けいぼ	そせき	かいこん	きふく	しんさ	ついずい	しっつい	なっとく	こはん

(二) 同音・同訓異字 (30) 2×15

1	2	3	4	5	6	7	8	9	10	11	12	13	14	15
ア 雄	オ 幽	イ 憂	ア 朗	オ 浪	エ 漏	イ 冒	ウ 乏	オ 謀	エ 冗	ウ 嬢	ア 丈	イ 避	エ 提	ア 裂

(四) 熟語の構成 (20) 2×10

1	2	3	4	5	6	7	8	9	10
ウ	ア	イ	エ	ア	イ	オ	エ	ア	ウ

(六) 対義語・類義語 (20) 2×10

1	2	3	4	5	6	7	8	9	10
削	費	重	細	都	利	戒	陳	冷	引

(八) 四字熟語 (20) 2×10

1	2	3	4	5	6	7	8	9	10
本末	単刀	才色	複雑	危急	千秋	遺伝	奮闘	長寿	勉励

(十) 書き取り (40) 2×20

1	2	3	4	5	6	7	8	9	10	11	12
密封	快適	埋蔵	維持	騎馬	犠牲	伴奏	微熱	墓穴	聴力	束縛	免税

18	19	20	21	22	23	24	25	26	27	28	29	30
じょうざい	ほんやく	こくふく	なんくせ	ゆず	さそ	つくろ	おとろ	にた	ねば	ふさ	うなが	きた

(三) 漢字識別 (10) 2×5

1	2	3	4	5
コ 掌	ア 魂	ウ 我	カ 疾	ク 潜

(五) 部首 (10) 1×10

1	2	3	4	5	6	7	8	9	10
イ 艹	エ 攵	ア 田	ア 見	エ 心	ウ 卩	イ 辶	ウ 疒	イ 貝	エ 鬼

(七) 漢字と送りがな (10) 2×5

1	2	3	4	5
営ま	惜しむ	珍しく	散らかっ	慌てる

(九) 誤字訂正 (10) 2×5

	1	2	3	4	5
誤	観	占	期	集	万
正	感	染	揮	周	満

13	14	15	16	17	18	19	20
叫	炎	飽	座	巣立	企	肩書	鯨

学習日 月 日

／200

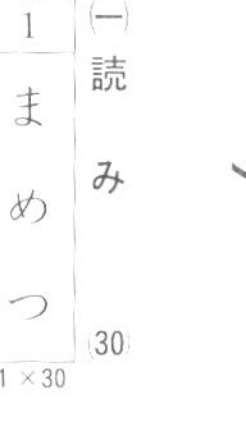

準2級 試験問題 付録 標準解答【本冊68〜71ページ】

(一) 読み (30) 1×30

1	2	3	4	5	6	7	8	9	10	11	12	13	14	15	16	17	18
まめつ	かんしょう	は	しさく	ちょうぼう	ゆうしゅう	こくひん	かんてつ	こうかく	しょうやく	こんきゅう	いご	せつゆ	すうはい	ふつふつ	きんげん	けんぎ	だべん

(二) 部首 (10) 1×10

1	2	3	4	5	6	7	8	9	10
疒	行	匚	斉	口	巾	罒	欠	氵	釆

合格者平均得点 7.1/10

(四) 四字熟語 (30)

問1 書き取り 2×10

1	2	3	4	5	6	7	8	9	10
跡	磨	依	罰	柔	倒	適	落	私	乏

合格者平均得点 13.3/20

(五) 対義語・類義語 (20) 2×10

1	2	3	4	5	6	7	8	9	10
凡才	謙虚	実践	警戒	親密	左遷	着服	繁栄	抜群	抹消

合格者平均得点 15.5/20

(七) 誤字訂正 (10) 2×5

	1	2	3	4	5
誤	預	倍	激	決	症
正	与	培	撃	結	床

合格者平均得点 7.5/10

(八) 漢字と送りがな (10) 2×5

1	2	3
臭く	伸ばし	寂れる

6	7	8	9	10	11	12	13	14	15	16	17
寛大	分析	銘	淑女	浴槽	昆布	完了	顕微鏡	突進	糾弾	今昔	履

19	20	21	22	23	24	25	26	27	28	29	30
じょじゅつ	しょさい	ほり	わらべ	す	さ	おお	ほら	まかな	おもしろ	かたよ	ほ

合格者平均得点 26.9／30

(三) 熟語の構成 (20)

1	2	3	4	5	6	7	8	9	10
ア	ウ	オ	イ	ア	エ	ウ	イ	エ	ウ

2×10

合格者平均得点 14.6／20

問2 意味

11	12	13	14	15
オ	ウ	カ	ク	キ

2×5

合格者平均得点 8.9／10

(六) 同音・同訓異字 (20)

1	2	3	4	5	6	7	8	9	10
迫	舶	騰	筒	狂	郷	潜	旋	甘	余

2×10

合格者平均得点 15.9／20

4	5
含める	触ら

合格者平均得点 7.9／10

(九) 書き取り (50)

1	2	3	4	5
露骨	申請	没収	開封	葬式

2×25

18	19	20	21	22	23	24	25
慌	藺	病	里芋	網棚	肩幅	戻	小豆

合格者平均得点 38.2／50

学習日 月 日

／200

データでみる

● 3級受検者の年齢層別割合（2019～2021年度）

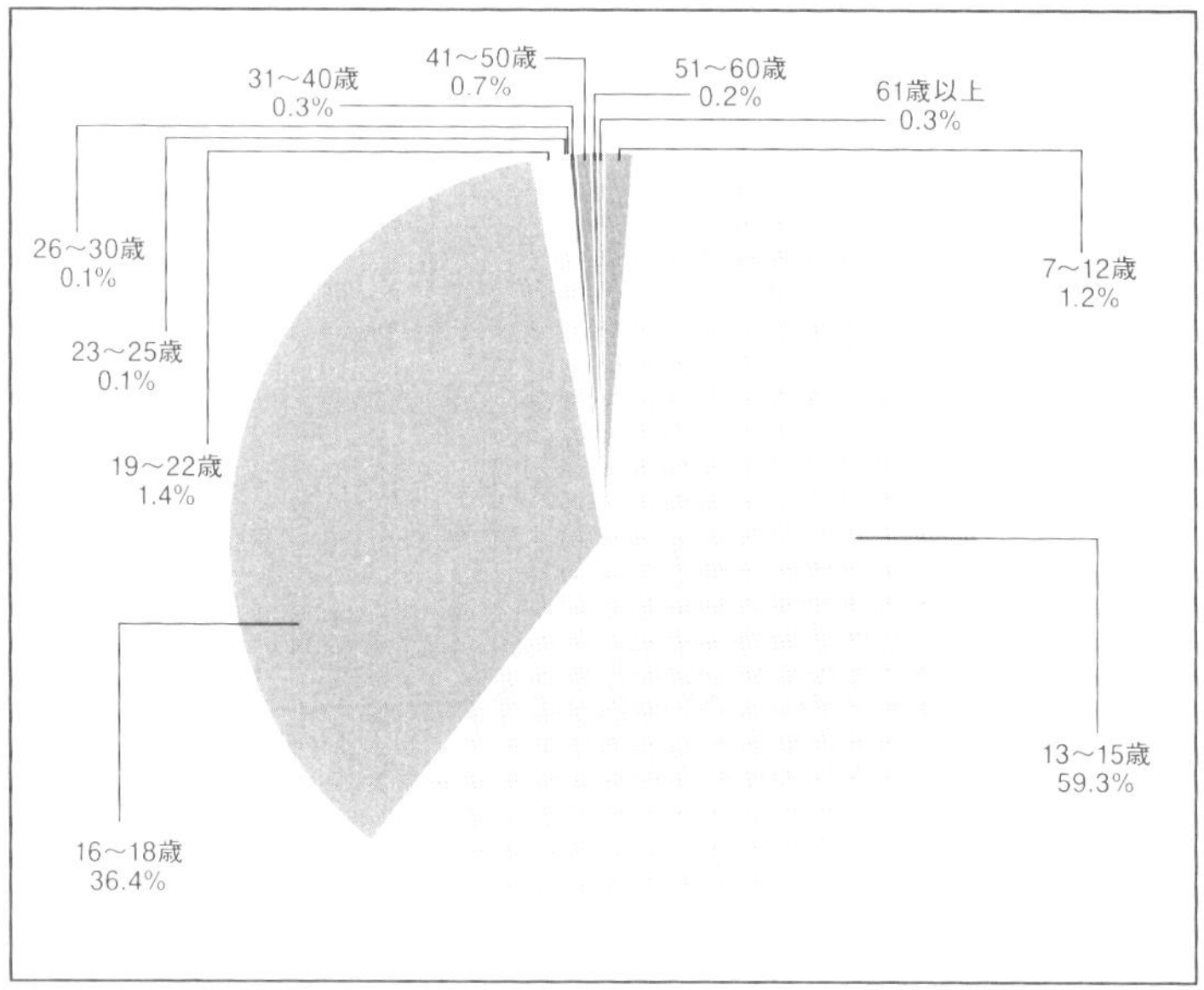

● 3級の設問項目別正答率（試験問題 9）

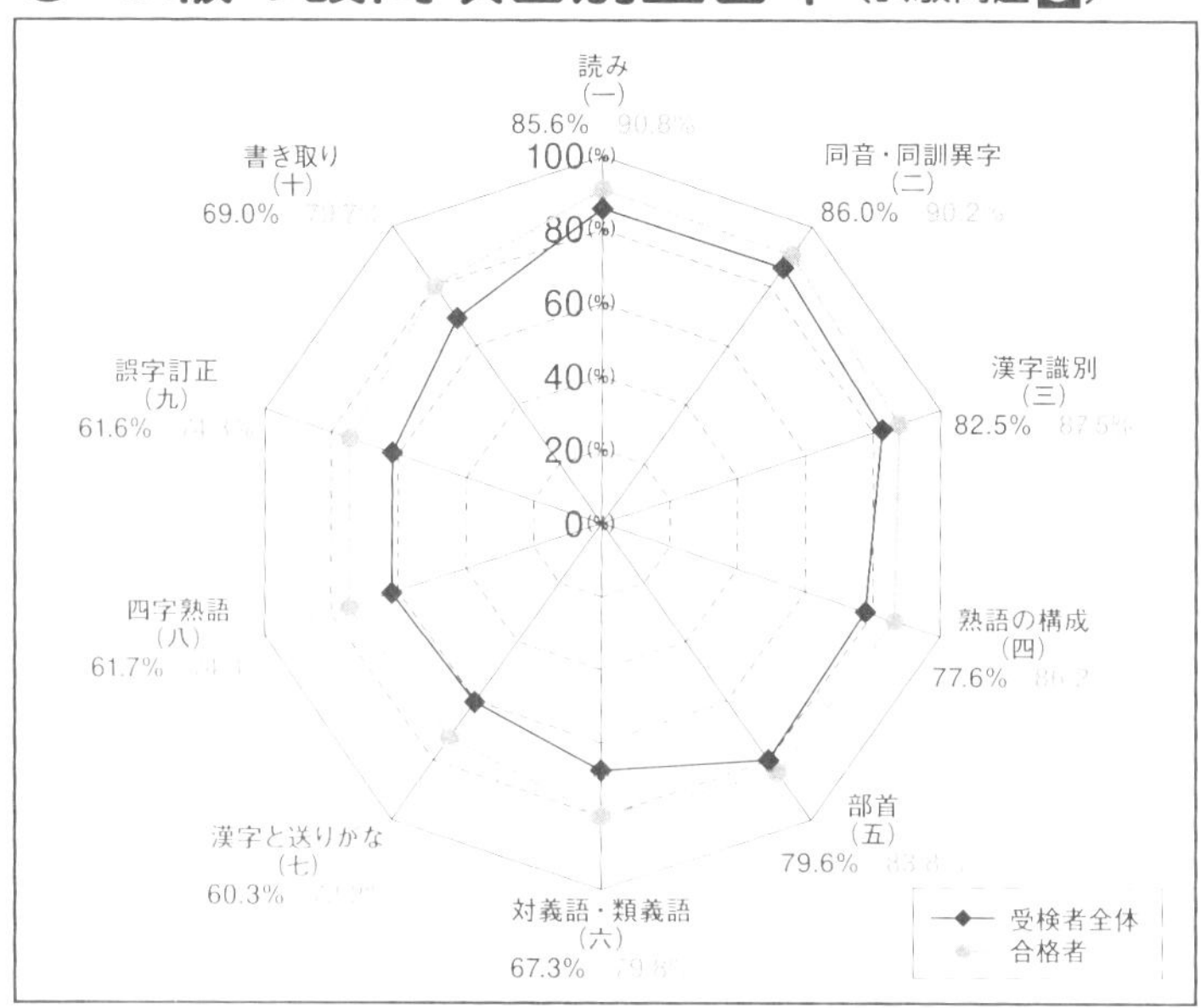

※（一）読み、（二）同音・同訓異字などの設問項目名は、標準解答のものと対応しています。
※枠内の数値（%）は、左側が受検者全体、右側が合格者の正答率です。